个人经验萃取：
职业转型与知识创业加速器

罗依芬　著

清华大学出版社

北京

内容简介

本书适用于职场人转型或者知识 IP 的初创者规划自己的知识创业路径，实现从 0 到 1 的科学创业。本书将会帮助读者找到自己的高价值经验，从经验中萃取高价值的知识体系，开发对他人、对社会有价值的知识产品，在赋能他人的同时实现自我的价值。

本书共有七章，主要包括经验萃取、知识创业概念导入，如何通过经验盘点找到独特价值，通过经验萃取沉淀知识体系，以及运用产品经理的思维打造高价值知识产品等。此外本书还提供了关于经验萃取师这个职业的完整介绍，让更多人了解这个新职业。为了使读者更好地学以致用，本书注重理论与实战的结合，每章结合大量的案例详细介绍操作过程，章尾均给出了思维导图、思考练习，以及行动指南。

本书封面贴有清华大学出版社防伪标签，无标签者不得销售。

版权所有，侵权必究。举报：010-62782989，beiqinquan@tup.tsinghua.edu.cn。

图书在版编目（CIP）数据

个人经验萃取：职业转型与知识创业加速器 / 罗依芬著. —北京：清华大学出版社，2024.5
ISBN 978-7-302-66327-0

Ⅰ.①个… Ⅱ.①罗… Ⅲ.①职业选择 Ⅳ.①C913.2

中国国家版本馆CIP数据核字（2024）第106462号

责任编辑：杜春杰
封面设计：秦　丽
版式设计：文森时代
责任校对：马军令
责任印制：宋　林

出版发行：清华大学出版社
　　　　网　　址：https://www.tup.com.cn，https://www.wqxuetang.com
　　　　地　　址：北京清华大学学研大厦A座　　　　邮　　编：100084
　　　　社 总 机：010-83470000　　　　　　　　　邮　　购：010-62786544
　　　　投稿与读者服务：010-62776969，c-service@tup.tsinghua.edu.cn
　　　　质 量 反 馈：010-62772015，zhiliang@tup.tsinghua.edu.cn
印 装 者：涿州市般润文化传播有限公司
经　　销：全国新华书店
开　　本：170mm×240mm　　　　印　　张：12.75　　　　字　　数：182千字
版　　次：2024年6月第1版　　　　　　　　　　　　　印　　次：2024年6月第1次印刷
定　　价：59.80元

产品编号：103795-01

从职场人到知识 IP，三步实现财富与自由

许多打工人都曾经和我一样：通过努力学习考上一所好大学，毕业后找一份好工作，领着一份过得去的薪水，每天为了工作奋力拼搏。

但是，经过多年的工作，这些打工人真的实现了自己的理想人生了吗？答案是：大部分没有。根本原因是什么呢？

（1）作为一名打工人，每天应对没完没了的 KPI，忙忙碌碌，收入却只是线性增长。

（2）我国经济面临较多困难，人随着年龄越来越大，用工成本越来越高，更容易面临裁员风险。

（3）打工人想转型，却不知道该干啥，对自己的前景感到迷茫和焦虑，不知道离开职场还能做什么。

我接触过大量想要职业转型的人，他们当中的很多人既不了解自己，也不了解市场，急于改变，却又缺少一套清晰的转型路径，导致他们在迷茫和焦虑中度过每一天。他们经过很多的尝试，交了很多学费，却始终没有找到自己的理想

定位、适合自己的转型路径，耽误了很多时间。

如果你觉得做一件事很难，那一定是没有用对方法。

每个在职场兢兢业业工作了十几年的人，都积累了非常丰富的工作经验和人生阅历。这些都是知识工作者最宝贵的隐形财富，但是很多人并没有意识到自己经验的价值，也不知道该如何利用自己的经验使价值最大化。

事实上，每个人都有机会成为一名知识创业者。

我曾帮助过很多职场人实现了知识 IP 的转型，用零成本的方式开始知识创业，而且实现了远超职场的收入，活出了理想生活状态。更重要的是，这些职场人找到了自己生命的价值，活出了人生的意义！

接下来，我和你讲讲我的故事。

我的最后一份全职工作是在培训机构里做课程产品经理，主要是根据市场需要，从各行各业的优秀职场人身上萃取高价值的经验，将其开发为实战课程。经过市场验证，这样的实战型课程特别受欢迎，好多课程成为市场爆款。有些产品标准化以后，迅速规模化，甚至达到了千万级的营收。

在做产品经理的这几年，我帮助过数十位高管转型为自由讲师和顾问。这些帮助高管转型的经历让我发现，如果一个人能把他过往的优秀经验萃取出来并打磨成高价值的知识产品再进行批量化传播，就能够实现收入的批量化增长！经验萃取就是这根重要的杠杆，只有把经验萃取出来并打磨成产品，才能让你的才能被更多人看见和需要。

对于课程产品经理这份工作，我做得如鱼得水，不但我开发的课程口碑很好，我也成为很多职场人心目中的转型领路人。但是作为一个职场妈妈，我的工作和生活变得越来越难平衡。

因为工作"996"，我陪伴孩子的时间非常少。而我的身体，也因为长期加班一度垮掉。有一次，我直接晕倒在地铁的候车厅里，几乎猝死；我想，我可能等不到公司上市分股权那天就没命了！加班无数，涨薪却遥遥无期。在上海这样的城市，生活成本这么高，我如何才能给自己和家人创造更好的生活呢？

我想，我有机会像我培养的那么多的讲师一样，成为一名自由职业者。怎么实现呢？又有什么优势经验可以让我分享给别人呢？

我帮助自己盘点了一下经验。我发现我最有成就感的事情莫过于帮助高管做经验萃取和课程开发，而这个能力是否被市场需要呢？我主动找了一些机会来验证我的想法，我发现对于个人端，很多人想做培训师，但是不知道自己有什么优秀经验，不知道怎么开发课程，我可以在这方面给予他们帮助。

对于企业端，很多公司需要沉淀优秀员工的经验，指导员工开发课程，而这和我在培训公司做的课程开发在本质上是一样的！于是，我快速开发了面向企业端的"组织经验萃取与课程开发""组织经验萃取与案例开发"等课程。我转型的那年正好是"经验萃取"概念在企业开始兴起的一年。站在这个市场的风口上，我陆续接到很多经验萃取方面的订单，使我有机会帮助 500 强企业、银行、保险公司做经验萃取，把公司里优秀员工的经验开发为 SOP（标准作业程序）① 工作手册、案例、课程。

此外，在一些项目里，我通过对销售冠军的经验萃取和人才复制，帮客户实现了业绩翻倍增长！这让我感受到经验萃取的魅力和巨大的价值，我更加肯定了自己所选的方向是一个非常有社会意义、有商业价值的道路。特别荣幸的是，我还成为多家企业的常年培训顾问，其中一家公司在我辅导搭建课程体系两年后成功在 A 股上市了！

我也有幸被喜马拉雅官方邀请开设公开课，我的《组织经验萃取与实战课程开发》受到了许多客户的好评，很多客户点名要我培训。几年下来，我在企业端也打出了自己的品牌。

成为自由培训师后，我的生活也因此发生了巨大的转变。我有更多的时间思考、学习、成长、旅行，生活质量大幅提升，陪伴家人的时间多了，也给家里改善了住房。

---

① SOP：standard operating procedure，三个单词中首字母的大写，即标准作业程序，指将某一事件的标准操作步骤和要求以统一的格式描述出来，用于指导和规范日常的工作。

通过我帮助高管和我个人职业转型的故事，我初步总结了一个通往理想人生的三部曲。

所以，你发现了吗？每个人身上都有有独特价值的经验。你要做的就是找到自己的亮点经验，把经验萃取出来并产品化，你就可以把一份经验批量复制给需要的人，从而实现收入的倍速增长。

事实上，故事还没有结束，接下来的故事更加精彩，也更加适合每个优秀的个体。

2020 年当一切仿佛顺风顺水的时候，新型冠状病毒感染来了，线下培训纷纷取消和延期。我再次陷入了职业危机之中。恰好在这一年，我注意到知识付费开始成为一个热门赛道，因为越来越多的人希望打造自己的第二曲线，实现有钱有闲的理想人生。但是很多的人的问题是，不知道自己有什么优势，缺乏自己的知识体系，也不会开发自己的知识产品，导致转型空有想法，难以落地。

我回想自己实现理想人生的过程，也帮助过很多高管实现了成功转型，那我是不是也可以通过这套方法论在线上帮助更多人转型创业呢？

我决定布局线上，做 C 端市场，打造个人品牌！

2022 年五一的时候，我做了第一场个人品牌发布会，主题就叫"经验萃取，三步实现自由人生"。这场线上发布会一共招募了 20 多位学员；之后，短短 7 个月又招募了上百位学员。

我在疫情最严重的时候及时转型线上，打造个人品牌，实现 7 个月营收百万元的成绩。人生成功逆转！

但，更重要的是，在这一年中，我帮助了 125 位学员。

他们中有很多是优秀的职场人，只是此时遇到了瓶颈问题：有的在职场中找不到自己的价值感；有的想转型，但是不知道自己能做什么；还有的想做知识创业，但是不自信，觉得自己很普通，没什么拿得出手的东西。但其实，每个人都有自己的亮点和高光时刻；每个人的自我认知又限制了自己的发展，我通过我的方法，使很多人的人生发生了翻天覆地的变化。

一位上市公司的人力资源总监盘点自己的经验优势，发现自己的优势经验是做企业战略落地陪跑。通过经验萃取，我帮助她把企业战略落地的方法论打磨出 8 万元的高价值咨询产品，成功实现转型！

一位知名电商商务运营总监萃取之前无法把自己的销售经验输出体系化的方法论。通过萃取，她沉淀了一套场景化成交方法论，从 99 元的创业读书会，升级为 10 万客单价的成交陪跑产品，7 个月客单价翻了 1000 倍！

一位从业 30 多年的保险行业管理专家退休后通过经验萃取，形成她的外勤绩效面谈方法论，成功地推出自己的优势产品，一个月实现 30 万元的营收，远超职场收入！

一位优秀的重点中学教师特别擅长激发孩子的优势潜能，我通过对她 20 多年教育经验进行系统化萃取，打造出"天才状态成长计划"，这成为家长排队预定的高价值线上辅导项目！

很多人跟我说，如果我早五年、十年知道"萃取"就好了，就可以运用"萃取"找到适合自己的发展路径，早点实现转型，更早实现理想人生……

因此，我写这本书的目的有两个，我想让更多人知道。

（1）人生是有捷径的。人生最大的捷径，就是找到你生命的独特价值，然后通过萃取和产品打造，批量放大你的独特价值，你将会获得倍速增长的收入。

（2）成为专家。人生不需要同时做 100 件事，你只需要专注做好一件事。琢磨透一件事，就可以迅速成为一个领域的专家，靠自己的专业和口碑轻松打造自己的个人品牌，活出你自己的理想状态。

本书系统阐述了如何找到你的独特价值，如何萃取你的知识体系，以及打磨出高价值的知识产品并获取收益的全流程。我希望你可以运用本书的方法少走一些弯路，少交一些学费，能够在转型道路上更快取得你想要的结果。本书还附赠一张清晰的知识创业地图（通过扫描右侧二维码可获取），教你如何把自己的经验变成财富，你可以将其张贴在醒目的位置，随时查看。

本书特别适合以下三类人。

（1）想要找到自己的独特价值，并且打造自己的第二曲线的职场转型人士。

（2）在自己的行业中有很多经验积累，需要沉淀自己的经验，实现经验的传承与复制的专业人士。

（3）已经开始尝试做知识 IP，但是遇到难点、尚未发挥出潜力的知识创业者。

愿你能在本书的帮助下开始探索自己生命的独特性，用你的独特价值赋能他人、成就自己，轻松获得财富与自由，活出喜悦、绽放、富足的理想人生。

我非常感恩在创业道路上遇到的一群志同道合的伙伴及优秀学员，你们对我的启发、帮助和支持让我有机会取得一些成果，也让本书有机会分享给更多和我们一样的人。我要谢谢为这本书做过内测，并且认真提出修改意见的各位萃取师学员，他们是栾鸿鹄、吴蓉霞、汪平、王伟、王淼、马云雁、王晓云、覃银燕、李静雨和盛红老师。同时，我也要感谢林琳、吴蓉霞为本书绘制了精美的插画和思维导图。

最后，我还要特别感谢我的爱人张元，他对家庭的担当和付出让我有了逐梦的勇气和坚强后盾。我也非常感恩我的父母，他们给了我无条件的爱和支持，让我有机会读大学、考研究生，并且赋予我勤奋的基因和强大的精神力量，让我可以从容应对人生中的各种挑战。

罗依芬
2024 年 3 月

目录
CONTENTS

第 6 章
价值输出，萃取打造高势能 IP　/147

第 7 章
经验萃取师，能干一辈子的高薪职业　/173

第 1 章

人人都能用好经验，实现 10^n 倍创收

在职场上没有白走的路，经验就是你的财富。碎片化的经验不值钱，体系化的方法论很值钱。经验萃取，让你学会把经验变成能赚钱的知识资产，实现自己的人生价值，也能成倍提升收入水平。

第1节

35 岁以上职场人的挑战
与转型机遇

　　2022 年年末全国就业人员达 73 351 万人，其中城镇就业人员达 45 931 万人。这是一个非常庞大的数字。但职场是一个经过了充分竞争的市场环境，特别是在企业中。随着年纪越来越大，35 岁以上的职场人面临越来越大的生存压力，挑战重重。

1. 35 岁以上的职场人面临的五大挑战

　　（1）在企业工作的人早晚都是要退出职场的。如果你在企业工作，很少有私营企业、福利很好的外企能够支持员工干到退休。所以每个职场人或早或晚都是需要退出企业的，就看你是主动退出、体面退出，还是被动地被优化、被裁员。而随着员工年龄的增长，企业的用工成本是越来越高的。对于年龄超过 35 岁，甚至 40 岁以上的人来说，职场的竞争力在下降，职业的安全感越来越低，随时可能面临裁员境地。

　　（2）职场天花板导致岗位晋升空间有限。人在职场中越往上走，能够获得的工作岗位就越少，竞争也会更加激烈。如果岗位一直无法突破，那么随着年龄增长，加上没有新的挑战，面对干了十几年、二十几年的工作，职场人也会缺乏激情，每天忙忙碌碌，却好像总是找不到最想做的事情。

　　（3）职场人肩上的责任很多，无法自由支配时间。到了三四十岁的年纪，上有老下有小，家庭和工作都需要兼顾。有些父母年纪偏大，需要经常照看，孩子难免生病，还经常需要往返医院，而上班请假有时候很困难，连自己支配的时间都没有，感觉对自己的人生缺乏掌控感。

（4）职场人在打工时无法掌握收入的主动权。大多数人上班是拿死工资的，工资的涨幅不由个人决定。但随着职场人成为家庭的顶梁柱，需要承担的责任越来越多，希望给家人创造更好的生活条件。但是工作就算"996"，加班熬夜拼体力，收入却总是线性增长，自己的工作付出和收入回报并不对等。

（5）面对来自后浪的压力，职场人被替代风险更高。现在年轻人非常优秀，他们又年轻又有干劲，学习能力非常强，用工成本还低。这无形中也会给 35 岁以上的人造成压力，因为企业永远希望用最少的用工成本取得更大的业绩结果。

有一次我听题为《如何实现工作和生活的平衡》的 TED 演讲，有一句印象特别深刻的话：每个人都需要承担起规划自己生活的责任；如果你不为自己规划，那别人就会为你规划，而别人对于工作、生活的平衡的理解往往跟你不同。

我非常认可的一个观点是：理想的工作和生活，是需要自己亲手去创造的。因为没有人比你更懂你想要什么样的生活。所以 35 岁以上的人，如果知道自己早晚要退出职场，那么只有三种选择：主动转型、被动转型和退休转型。

主动转型是提前思考和布局自己的第二曲线①。比如我，就是希望早点实现自由人生，靠自己的专业能力成为自由职业者，我就发展了自己的第二曲线——职业培训师和顾问。第二职业曲线是在现在这个职业达到顶点之前，要去思考和布局下一个可以给你带来增长的新职业。因为新的职业要达到成熟，需要一段时间的酝酿和开发，其间，第一条职业曲线中积累的时间、资源和动力都足以使新曲线度过它起初的探索挣扎的过程。

---

① 第二曲线：出自《第二曲线》，作者是英国管理思想大师查尔斯·汉迪。任何一条增长曲线都会滑过抛物线的顶点（增长的极限），持续增长的秘密是在第一条曲线消失之前开始一条新的 S 曲线。在这时，时间、资源和动力都足以使新曲线度过它起初的探索挣扎的过程。

被动转型是被公司优化或裁员。如果人到了 40 多岁才考虑转型的问题，就会特别被动，这时容易被边缘化，或者面临裁员的境地。如果这个时候没有什么经济压力倒也还好，但大多数人的情况是，在这个阶段上有老下有小，正是在家庭中挑大梁的时刻，经济上一旦出现波动，可能影响家庭的稳定性，也让自己的能量特别低。

除了前两类转型的人，还有不少人在职场干到退休，但是也终归要离开职场。但是，他们不满足于退休之后只能旅游或者带孙子、跳跳广场舞。他们希望退休之后能够创造属于自己的第二曲线——能把自己的经验用到合适的地方，在给别人创造价值的同时也实现一笔可观的收入。

2. 离开职场前的三项准备

很多人问我，离开职场之前应该做好哪些准备？

我自己是裸辞的，当时勇气盖过了一切。我跟我家人说，我打算用一年时间打拼下，看看我能不能走这条道路。如果打拼不出来，那说明我不适合创业，死心塌地回去上班。所幸，在离开平台之后，我抓住了一系列机会，后来成了一名职业培训师和企业顾问。

但更适合大多数人的道路，我觉得是"先做两手准备，再一去不返"。

1）锤炼硬核实力，筑造专业护城河

我曾采访一位劳动关系专家，他提到了一个非常重要的观念：在职场中，我们必须筑造自己的专业护城河；如果没有专业护城河，随着年纪的增长和用工成本的提高，很容易面临裁员风险。

做难事才有回报，做难事才能够成就自己的能力。所以，对那些你解决过的问题，那些可能在你的职位描述之外的事情，你去做了，把这些宝贵的经验积累下来就是你自己的能力，就是你将来可以转型的资本。

2）探寻核心优势，锚定长期发展领域

在职场中，很多人习惯于被安排，领导指哪儿打哪儿，很少主动思考自己喜欢和擅长的事情是什么，以及如何在一个优势的领域中持续深耕并努力成为专家。其实，做自己喜欢的事情是很容易出结果的。一旦出了结果就有了正向反馈，那么你就会很积极地、持续地投入其中，愿意花时间、花钱投资，让自己变成相关领域的专家。

3）在核心优势领域深耕，积累知识资产

很多人觉得工作多年但好像没有什么积累，最主要的原因就是缺乏自己的知识沉淀。职场人不但需要做事，更要学会在做事的过程中积累知识资产。这样，即便因为各种原因离开某一个平台的时候，起码能够带走自己的专业知识沉淀、原创的方法论、成功的案例、客户的口碑等等。这些宝贵的知识资产和品牌资产，将成为你未来创业的雄厚资本。

3. 有知识资产的人，牢牢把握人生主动权

在知识密集型的职场环境里，什么人最有风险呢？就是那些一天到晚忙于做事，忙得没有时间思考的人。知识工作者的核心生产要素是知识体系，但是很少人会刻意去练习、去沉淀自己的知识资产，久而久之，他们和优秀的人差距越来越大。

举个例子，拥有知识资产的人，活得有多么畅快！

一个曾经与我合作过的兼职培训师年纪轻轻就成为一家世界 500 强公司的商务总监。我很好奇他是怎么做到的，而且在公司备受信任，每天都有空闲。

他说其实很简单，"你要在公司里面去打造自己的个人品牌"。我问他："什么叫个人品牌？"他说："你要在公司里面打出你的优势标签，让别人觉得你是这方面的专家。"

他说："我把每一件事情做完，都去沉淀我的核心经验，提炼出一些我的思考框架或者模型。然后我就去讲给同事听，他们会给我一些更好的建议。"

他经常毫无保留地分享经验，但最终他发现其实最大的受益者是自己。因为每次做输出之前他都倒逼自己深度思考，他的思路就变得非常清晰。以后再去解决问题的时候，他就有一套自己的方法论了。

除此之外，他还能够把自己这套方法论更好地教给下属，所以大家都抢着来他的部门，因为他们觉得在这里是可以学习和成长的。因为下属有了学习和成长，所以他的工作就可以变得很轻松。

他每天可以看看书，然后出去交流，增长见识。其他人看到他讲起一些话题来头头是道，一听就是有沉淀的，就邀请他去讲课。他也可以很轻松地讲出来，因为有方法论的沉淀。

最后，在领导眼里，他是非常不一样的人。因为他善于思考、乐于输出、勤于分享，职场口碑也特别好，所以在提拔的时候，领导很容易就想到他了。

因为他沉淀了很多自己的方法论，而且有非常多的成功案例，我便邀请他到我们机构讲课。他的课非常受学员的欢迎，他也很轻松地实现了时薪 5000 元的知识变现。

所以，我相信每位在职场奋斗了一二十年的人，都有自己的高光时刻。你一定也做过许多难事，拿到过很多成果，这些都是你宝贵的经验财富，可以说价值千万，这是非常宝贵的转型资本。但是很多人从来不知道自己经验的价值，也从来没有去开发这些经验，反而对自己的未来忧心忡忡，就像坐在金矿上讨饭。

反之，如果你掌握了经验萃取的能力，你就可以通过萃取挖掘自己的核心优势，沉淀自己的知识资产，通过输出分享打造自己的个人品牌，无论是在职场进阶发展，还是转型做知识创业，都会非常顺利。

这样，无论你是否离开职场，你都拥有了一种从容的底气，实现了职场可升、副业可攻，牢牢把握人生的主动权。

第2节

知识创业，
职场人的低风险转型路径

　　企业雇员常常因各种原因主动或被动离开企业，退出职场：这是一个不争的事实。很多人之所以不敢离开职场，是因为不知道自己离开职场以后可以靠什么活着。上班起码还有一份固定工资，离开职场以后，不知道自己能够靠做什么活下来——能不能找到客户？能不能持续找到业务？

　　对未来恐惧，对自己不自信，对市场不了解，导致职场人不敢轻易迈出转型之路。

1. 互联网时代是知识分子的利好时代

　　其实在我看来，现在这个时代，是对知识分子特别友好的时代。

　　我父母工作的时代，产业主要是农业和制造业，他们的工作生产要素都要依赖于单位提供的资源。比如我母亲工作的地方是一家茶厂，她的工作依赖于厂房、生产设备、茶叶等原材料，她的工作导致她无法离开这家工厂单独工作。所以在这家工厂她工作了一辈子，退休前累计 28 年工龄。

　　我们这个时代和父母工作时代的最大不同是，我们大多从事脑力劳动。就像德鲁克说的，21 世纪以来，知识工作者的数量越来越多。知识工作者最主要的生产要素就是自己的大脑，具备学习知识、运用知识和转化知识的能力（见图 1-1）。而当我们不依赖于其他生产要素的时候，知识工作者就可以成为一个独立的工作者，通过传授自己的知识技能服务于任何一个有需求的单位或个体。

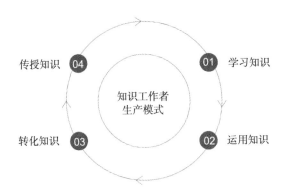

图1-1　知识工作者生产模式

但是，大部分知识工作者只专注于学习知识和运用知识的层面，很少考虑自己如何转化知识，传授知识。

2.时代赋予了知识工作者工作的便利性

独立的知识工作者只要能够解决自己的市场获客问题，就完全具备独立工作的条件。而在这个时代，网络资源自媒体高度发达，让每个人都具备了展示自己、链接潜在客户的条件和机会。哪怕是天南海北，甚至是海外的客户，都可能因为你的一条视频、一篇文章，被你吸引，从而联系到你，成为你的客户。

作为知识分子，我们确实生在了最好的时代。我们拥有几十种输出的渠道和方式，这让我们的个人能力可以被看见、被传播，并实现瞬间互联。

所以，在个体崛起时代，你只要能够有效提取自己身上的知识技能，打造出差异化的个人品牌，借助现在发达的网络媒体吸引目标客户，你就能够成为一名独立的知识工作者。

知识IP的商业模式（见图1-2）通过在各个公域平台输出内容产生影响力，吸引同频的粉丝和流量到自己的私域平台，通过训练营、课程、咨询等知识产品进行转化成交。

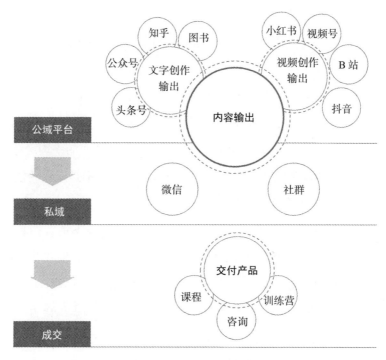

图 1-2　知识 IP 商业模式

3. 为什么知识创业是低风险转型

有不少职场人退休出来转型，想去开店、投资。但事实上，十有八九都是亏损的。

第一种，开店。开店的生意不适合大多数职场人。绝大多数职场白领缺乏实体经营的能力，特别是缺乏店面选址、客流分析、店铺经营管理、成本控制的能力。而且开店以后，每天都在产生成本，房租、物业、设备、原材料、员工工资、平台费用等，花出去的每一分钱都要精打细算，很多细小的事情，哪怕卫生清洁都需要亲自上阵。很多白领开的奶茶店、鲜花店往往以亏本告终。

第二种，做加盟店。我也见过身边很多朋友付出了几十万元成为某品牌的加盟商，有的赚钱，但是赚的也不多。因为大多数做加盟的企业都是刚发展没多久的企业，正在规模扩大阶段，所以需要发展加盟商。但是按照中国小微企业平均寿命计算，很可能到后面加盟的企业先倒闭了，加盟费用也不了了之。（《中国中小微企业经营现状研究 2021》数据显示，中国小微企业平均寿命在 3 ～ 5 年）

第三种，做投资。有些人选择投资别人，期待可以轻松赚钱。但是如果你的产品不是自己的，完全依赖于别人的经营能力，就特别容易产生业务风险。还是那句话，不要看运气，要看概率。初创企业的平均寿命只有 3 年不到，能够持续盈利的企业连十分之一都没有。如果不是成熟的创业者，创办公司经营成功的概率是很小的。

第四种，做保险、微商、直销。事实上，这条路线不适合白领，因为相当于放弃了自己原有的专业积累，另起炉灶。而且，如果并非自己真正热爱和有极强的环境适应能力，就很容易在这个激烈的竞争环境和严格的 KPI 考核中被淘汰出局，因此这类转型也不适合大多数知识工作者。

但是，对于知识创业而言，你不需要很高投入。过去你只是在一家单位交付你的劳动时间，但是如果你能把你的某一项能力提取出来，同时服务于多家公司 / 需求个体，那就能够产生数倍于单一公司的工作收入。

比如，我在离开职场后获得了两份顾问收入，我并没有因此投入一分钱，我只是投入了自己的时间，但是给予了我转型第一年站稳脚跟的资本。后来我也在不断学习，包括学习培训师、引导技术、商业思维等，这些投入都作用在自己身上，我因此成长为一个更好的自己。但是，除了收入的增长、自我的成长，更重要的是我收获了自由的生活方式，活出了自己的理想状态。

与其他实体行业的创业者相比，知识创业者的创业模式大为不同（见表 1-1）：它只需要依赖自身的知识经验积累，无须重资金投入，不需要每天被绑定在一个实体项目上，可控性强，遇到风险可以快速回头调整自己的方向定位，除了自己的时间投入，几乎没有什么成本。就算有学习投资，也是投资到你自身的能力成长方面。因此，知识创业是一种更适合绝大多数职场人的转型路径。

表 1-1　常见创业模式特点对比

项　　　目	开店	加盟	投资	知识创业
依赖资源 / 能力	店铺选址和经营管理	加盟企业的经营管理水平	投资风险识别与管控	自身知识经验积累
所需资金投入	重投入	重投入	重投入	轻投入
所需时间投入	重投入	重投入	自由	自由
投资重点	店面、设备	加盟费、店面、设备等	项目机会，被投资人的人品能力	自己的能力
项目可控性	适度可控	不可控	不可控	可控性强
灵　活　性	弱	弱	弱	强

第 3 节

经验萃取，
知识创业必经之路

知识创业是适合于大多数知识工作者的转型路径。那具体知识创业应该怎么做呢？我曾经对很多想转型做知识创业的人进行过调研，发现困扰他们比较多的问题包括：

（1）不知道自己有什么优势经验；

（2）不清楚自己的核心竞争力是什么；

（3）说不清楚自己做的工作有什么价值；

（4）自己做得挺好，不知道怎么教给别人；

（5）不知道自己的经验怎么变成产品；

（6）不知道如何找到客户。

这些问题是层层递进的，只有先解决了前面一个问题，才能推进到下一个问题。经验萃取就是解决这些问题的良方。

很多人问我：经验萃取是国外的概念吗？其实还真不是，但这也不是我的原创概念。我在 2016 年开始做自由培训师的时候，企业培训界就有一些与经验萃取相关的风向，有一些专家和老师提出"经验萃取"的概念，并在华为等大型企业中开展企业优秀员工经验萃取与知识沉淀工作。所以，到目前为止，除了企业培训界，其他行业知道这个概念的并不多。

我因为长期给企业做经验萃取项目交付，沉淀了一套自己原创的经验萃取方法论。在我辅导不同企业高管做课程开发的过程中，我发现经验萃取对个体的个人成长、职业转型、知识变现有巨大的价值，因而我将这套方法论与个体发展的需求相结合，开辟了个人经验萃取的市场。

我相信你对经验萃取充满好奇：它到底是什么？到底能够给个体的能力成长与职业转型带来什么帮助呢？

1. 经验萃取到底是什么

本书所描述的经验萃取方法论主要应用场景是面向个人的，所以我先对个人经验萃取做个定义。

个人经验萃取是指萃取师通过萃取技术，系统化梳理一个人过往的成就事件，结合个人未来发展规划，聚焦个人最喜欢、最擅长且最具价值的经验主题，再通过萃取师的提问、引导、反思、输出和优化，最终产出一套知识成果，通常包括核心理念、方法论和工具包等。这些知识成果可以用于开发课程、咨询产品，编写工作教程或者 SOP 操作指引等。

经验萃取的假设前提是，一个人过往的成功事件中蕴含着解决某类问题的有效思路和做法。这些思路和做法通过正确归因后，提炼总结形成一套解决某类特定问题的方法论。运用这套方法论，对于自己或教授他人解决类似问题可以达到复制成功的效果。

举个例子，我很喜欢研究菜谱，哪怕没有做过的菜，只要看看菜谱，基本上也能做成。但是在以前网络不发达的时候，看人家做一道菜，香味扫鼻，我们要看厨师做好多遍才能学会。但是现在太方便了，我们拿出手机就能找到很多菜谱，因为其中有动作分解、图文结合、用料说明、注意事项、样例对照，所以我们很快就能够学习上手，哪怕是个新手，也能做个八九不离十。

这个例子说明，把个人隐性经验显性化、结构化以后，才能让他人容易学习和复制。所以，萃取就是把优秀的经验经过反思沉淀后写成菜谱，做成操作指引，这样让每个新手拿到这套菜谱后都能做出美味大餐。

2. 普通人自己提炼经验的难点

显然，写一道家常菜的菜谱对普通人来讲并不难；但是如果要回答一个人身上有什么优秀经验，这些经验对他未来的职业发展或知识创业有什么价值，怎么把一个人在复杂工作中的经验提取出来，将其变成知识资产，打磨成知识产品，就不容易了。

普通人难以自己提炼经验的原因主要有如下几点。

1）不知道自己有什么经验

很多人常年做一件事，待做到特别熟悉以后，已经变成了下意识的动作，感觉自己就是这么做的、很简单。就像一个狙击手，拿起枪就能命中目标，如果你问他："有什么经验吗？"他会说："我也不知道，就是瞄准加射击。"这是因为他的隐性经验没有经过挖掘，他没有意识到自己在用什么方法，有什么经验。

2）不了解自己的经验有什么价值

很多非常优秀的人觉得自己非常普通。他们会说："我们这个行业里这样的专家很多，别人都做得很好。"他并不觉得自己有什么过人之处。

很多人想不清楚，如果离开了现在这家公司，自己的经验还有什么价值。他想不到自身的经验适用于哪些其他应用场景，这也限制了他对自己经验的重视和开发。

3）说不清楚自己的经验

有些人知道自己在某个方面有经验，但是因为工作太忙，没有静下心来反思，所以久而久之对经验的相关记忆变模糊了，没办法说清楚具体是什么。

还有些人在多年工作中沉淀了很多有价值的经验，但是不知道哪个是最有价值的，就像面对一筐的珍珠，不知道选取哪个好了，在个人发展方向上犹豫不决。

4）缺乏高效的反思提炼方法

对于平时没有反思输出习惯的人来说，让他分享经验是一件特别烧脑的事情。他经常拿起电脑想记录一些东西，却又不知道该怎么深入下去，做着做着就放下了。因为萃取是一种深度的反思，而且是有结构、有方法、有逻辑的一种反思。而普通人的反思是没有方法、没有逻辑、没有验证的，故其提炼效果往往不尽如人意。

经验萃取是需要做归因分析的，要反复验证关键动作和结果之间的逻辑关系。如果逻辑思维能力不够强，就很容易出现偏差。还有的人没办法完成自己的输出和表达，因为词汇库缺乏，所以难以用概念准确说明。

总结来说，就是这些人对自己的经验不知道、不重视、不会做、做不好。所以，让别人萃取自己的经验才会成为一种强烈的需求。

3.经验萃取和其他概念的区别

经验萃取与其他概念，如教练、咨询等，是有本质区别的，下面我具体谈谈。

1）经验萃取和教练、咨询的区别

教练更多是启发来访者看到自己的真正动机，开发其自身解决问题的潜能，厘清目标和行动的方向，排除干扰去落实行动，是以触发行动为导向的。

咨询是另一种模式。来访者没有解决方案的，一般需要咨询顾问聆听需求和现状，诊断问题原因，给出可执行的方案。

萃取是帮助被萃取对象关注其过去成功的事件，分析和提炼如何达成成功的方法论。但是在萃取的过程中，萃取者需要挖掘学员的内心动力、明确未来发展方向，给出学员建议的时候也需要使用到教练和咨询的技巧。

2）经验萃取和复盘、总结的区别

复盘是指回顾一件事情，重点看它有没有达成目标，通过评估差距、分析原因，找出将来可以更好行动的方案和策略，从而实现预定的目标。

总结是指记录和整理要点，进行提炼，没有特别的目标和成果要求。

萃取则是指针对一件已完成的成功事件，分析其成功的关键动作、思考难点和挑战，输出一套知识体系，目的在于告诉人们如何使用这套知识体系，让成功得到再次复制，也就是"正确归因、复制成功"。

4. 经验萃取是知识创业必经之路

经验萃取的过程（见图 1-3）需要对过往的成就事件进行回顾和盘点，找到个人最具价值的成就事件，结合未来发展思路，确定萃取主题和内容边界，产出一套解决特定问题的知识体系，包括概念原理、流程步骤、方法工具、知识模型等。

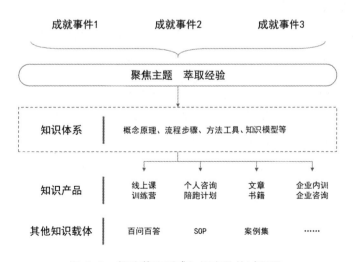

图 1-3　经验萃取形成知识产品的过程图

基于这套知识体系，后续可以开发出一系列的知识产品，包括咨询、课程、训练营等。

打个形象的比方，经验萃取就像从你的经验麦田里收割成熟的麦子，然后将麦子去皮、碾磨成面粉。这些精制的面粉就是你经验的精华，后续你可以把面粉做成饺子、包子、馒头等各类面食，也即对经验萃取成果的加工应用。

比如，我的经验萃取有一套完整的知识体系，我可以做成面向组织或个人的经验萃取咨询，也可以做成音频课，还可以做成萃取训练营、经验萃取直播课、经验萃取一对一访谈等不同的产品形式，但其实我的核心方法论和核心工具是不变的。只不过在给不同人解决问题的时候，我采用的具体方法是有些差别的，解决问题的深度也不一样。

所以，从图 1-3 可以看出，经验萃取是形成知识体系、打造知识产品的必经之路。而且相比于产品来说，知识体系更加底层、更加核心。因为知识体系是 1，知识产品是 0。没有知识体系作为前提，做知识产品就像是缺少依托的空中楼阁。

很多人虽然学习了很多个人品牌的商业知识，但是无法做出有含金量的知识产品。为什么呢？

第一，缺乏对自己能力的充分盘点过程。很多人没有系统地盘点过自己的经验，如果没有充分地认识自己的优势和能力，就会一直卡在定位上，想不清楚自己应该做什么，或者对于别人给的定位犹豫不决。

第二，没有知识体系，就无法清楚地表达自己的方法论，就会感觉自己好像没什么可以教给别人的，很容易怀疑自己。没有原创的知识体系，就很难认同自己是某个领域的专家。一个人在不自信的时候就难以吸引学员或者咨询客户，因为谁会向不自信的人付费学习呢？

所以，萃取是知识创业的必经之路。如果你想做知识创业，就一定要先给自己做一次系统的经验盘点，找到自己的独特优势，沉淀一套原创的知识体系——这是你做知识创业的根基。

第 **4** 节

知识付费
2.0 时代的掘金策略

我曾接到一些学员的咨询："罗老师，我想开发一些课程，然后放到网上卖，但我不想做交付，我想实现被动收入。"

你觉得这可行吗？

事实上，刚开始做知识付费的时候，或许可行。因为那时候市场的课程总量少，你做一个有价值的课程，就算没有什么推广动作，付费下单的人也还不少。但是，今非昔比，经过数年的发展，知识付费行业的热度已经大幅度下降了。

1. 知识付费时代已经过去

2012 年左右，刚开始流行社群的时候，我们都是邀请专家在微信群里讲课。后来为了解决直播课程便于回听回看等问题，市场上出现了千聊、荔枝、喜马拉雅等平台。那时候做个音频课都卖得很好，就连我这样初出茅庐的素人，都能在千聊上开课，并获得了数千人的关注。

后来知识付费兴起，出现了像得到、樊登、混沌等大平台。因为这些平台流量大，请的专家也多，知识付费出现了头部集中的趋势。凭借强大的流量，它们可以把一门专家的课程定价在千元左右。

各大平台上有非常多的课程，听众已经听过一些非常优质的课程了，因此对于知识付费的进入门槛也变得高很多了。

现在已经是知识付费 2.0 的时代了，知识付费 2.0 时代的特征就是知识过剩。

在这样一个时代，大家都认为知识过剩是常态，每个人手上囤个七八门课。课程买了也没有看，已经是很正常的事情了。

从内容角度看，如果你讲的内容是通用的，跟别人的没有什么区别，那机会就更少了。比如，你讲心理学能讲得过武志红吗？武老师的课程才199元，那别人为什么要选你而不选武志红的课程呢？所以大V的大流量低价课，已经深度挤压了普通人的课程定价空间。也就是说，普通人想要通过做一套课程"出圈"，每个月卖个几千元乃至上万元已经基本上不可能了。

从流量角度看，普通人没有流量储备，最多就是自己朋友圈私域的资源。你把这些资源消化完以后，就需要不断地开发新流量，才能持续地实现增长和付费。但是，如何获得公域流量？

比如，如果你的一个课程定价199元，要每个月卖多少份才能实现月入过万元？至少50份。在互联网上，就算你的流量很精准，我们按照10%的转化率计算，那么你至少每个月要有500个精准流量。如何获取这么大的精准流量呢？

你可以花钱在平台投流。因为如果你不做投流，就会连被看到的机会都没有。现在的投流成本已经非常高了，普通人是支付不起的。就算卖一个9.9元的课程，你的投流成本可能是十倍。

从结果角度看，就算学员听了课程，也未必转化为行动。学员听完课程以后没有行动，或者行动中没有取得反馈，那就是没有产生结果，你也无法获得成功案例。而且做纯粹的知识交付，不想运营、不想和学员产生互动，那么你和用户之间就无法产生黏性，就无法持续地实现付费和增长。

可以说，想纯粹做个课程去网上卖而实现被动收入，不想做任何交付，在现在这个时代，已经完全没有可能了。

那么，对于普通人来讲，这时候想要转型做知识创业，机会在哪里呢？

2. 结果付费时代已经来临

虽然知识已经过剩，但是大部分人并没有真正地解决问题，更没有办法将知识转化为行动。从培训专业的角度来看，知与行之间存在着巨大的鸿沟，知道不等于做到，做到一次也不等于熟练地掌握。

我在 2019 年《培训》杂志的一篇文章里就提出：知识付费的终点，是要为学员提供能够帮助他们落地出结果的一套解决方案。学员不光是为知识而付费的，更要为老师对于个性化定制、刻意练习的辅导和反馈付费。老师"陪跑"的这种服务会更加有价值。

这就让我们产生一个新的市场机会。当知识的获取太容易了以后，行动跟不上就是一个真实存在的问题。这也是为什么前几年很多人批判一些人贩卖知识焦虑。大家跟着学了半天知识，但是没办法转化为行动。可是转化行动是一个长尾的市场。因为大 V 可以做批量化的知识分发，但是无法对个人的行动和结果提供深度的辅导，他们也服务不了这么多的人。

所以，想要改变的人很多，光有认知的改变是不够的，行为的改变才是你的市场机会。你能帮助学员拿出结果，你就在市场上享有一席之地。我认为这是很多大的平台、大 V 都不能解决的问题。

对个人来讲，这就是一个市场机会。就是说当别人在售卖知识的时候，你售卖的是结果；当别人在卖产品的时候，你卖的是解决方案。谁能够把自己的解决方案做好，做出口碑，那么就会吸引更多想要去改变现状的人，到你这里来学习。

我和大家分享一下我自己的经历。我受某个音频平台的官方邀请，开设了一门经验萃取的音频课，共 14 节，平台上只能卖 199 元，再高也很难了。

尽管平台也给我做活动推流，但是两年多下来，我在这套课程上的收益也不过万元。可是能够帮助学员直接做经验萃取的产品，单价就会过万元，甚至几万元，因为这样做能够直接帮助学员出结果。

我现在做解决方案，能够帮助学员拿到结果，所以大家特别信任我，而且做解决方案可以带给我很多成功案例。无论是直播还是朋友圈，我都有大量的学员的成功案例来验证我的解决方案的有效性。

来找我学习的人络绎不绝。他们跟我说，可以很清楚地看到我能帮他们解决什么问题。我的朋友圈让他们觉得特别有信心，"因为有这么多人跟你学习都已经产生了很明显的效果，所以我也想跟你学习"。

知识付费赚钱容易的时代有过，但转瞬即逝。如果你现在入局，就要适应目前的市场环境。

3. 不要做流量 IP，做好你自己

知识付费行业现在变得热门起来，越来越多的人进入这个赛道，希望打造个人品牌。

但是这种火热带来的后果就是"内卷"。我的朋友圈里各种"导师"满天飞，诸如 IP 孵化导师、文案变现导师、小红书变现导师、育儿导师等。光一个育儿赛道，我就有不止十个学员了。

你可能会想：既然这么"卷"，普通人转型做 IP 还有机会吗？

我在这里想和大家正本清源，互联网上经常在谈论 IP，那 IP 到底是什么？

其实 IP 的英文全称是 Intellectual Property（知识产权），可以说有原创知识资产的人都是 IP。但是目前知识 IP 在更多时候是指一种商业模式，即通过输出内容产生影响力，吸引同频的人关注，通过知识产品实现流量获取收益。

其实，如果你只是想得到一份更加独立、自由的工作，并不一定需要在互联网上大张旗鼓地做流量。

对于大多数人来说，每个人只需要做自己，用自己最擅长的一件事去帮助别人解决一个痛点问题即可。只要你诚心地交付好你信任的学员，打造一个个成功的案例，就会近悦远来，吸引更多人慕名而来。

学会一些打造个人品牌的技巧，能够让有潜在需求的用户更好地看见你的价值，这当然是更好的。但你不必在抖音、视频号、小红书火力全开，天天为了获取流量绞尽脑汁。你不要去羡慕别人的几十万粉丝，我们普通人也不需要有那么多的粉丝。当你交付不过来的时候，再多的流量也是一种浪费。我自己在取得百万元营收之前，微信好友也就 3000 多人，公众号和视频号粉丝累计不过 3000 人。

本书所讲的内容，可能无法让你一下成为一个很有名气的 IP，坐拥几十万的粉丝和流量，实现年入几百万元、千万元的收入。本书所讲的内容，是希望能让每个渴望自由、活出价值感的普通人成为一名独立的知识工作者，专注自己专长的领域，为社会提供有价值的知识服务，从而真正地活出自己。这样的人，我更愿意称之为专业型的知识 IP。

所以，我诚恳地建议你，先定一个小目标，打通从 0 到 1 的变现闭环，先达到、再超过职场的收入，实现业务稳定。后续你再根据自己的志向和追求选择要不要扩大规模，成立公司化的运营体系。因为从 1 到 10 的阶段，需要面对更多的难题和挑战，也不适合人人都做。

第5节

三个步骤，
轻松转型知识 IP

看过前面章节的内容，你应该对现在知识付费市场的情况有所了解了。那么你可能在思考，现在入局是不是很难？

事实上，如果你觉得做一件事很难，一定是没有掌握正确的方法。在辅导过数百位职场人转型的过程中，我发现不少人能在短时间内实现营收倍增，核心就是做好图 1-4 所示的三个步骤。这三个步骤是从我的最初的自由人生三部曲（盘点高光时刻、萃取优势经验、批量销售产品）迭代而来。做好这三步，你也可以快速启动，成为一名能赚钱的知识 IP。

经验盘点 >>>	经验萃取 >>>	经验变现
盘点高光时刻	萃取知识体系	批量营销推广
找到独特价值	打造高端产品	持续输出影响力

图 1-4　知识创业三部曲

1. 盘点高光时刻，找到独特价值

在接访了数百位想职场转型、打造第二曲线的人后，我发现：其实每一个人的经验中都有宝藏，很多人的经验价值千万，但是很多人优秀却不自知，也从来没想过自己的经验到底可以做什么。

更重要的是，很多人并没有很清晰地了解自己这辈子是谁，来到这个世界的真正使命是什么。一个人没有明确的目标，每天茫茫然不知道自己为什么做这些事，内心总是缺乏定力。

其实人生几十年的经验是非常好的反馈。你能从过往经历的这些事件中看到，你能不费力地做好哪些事，那些让你特别有成就感，也让你特别愿意投入去做的事情中蕴藏着你的天赋和使命。

能够做自己喜欢和擅长的事情，并且带给别人价值，生命才是绽放的，因为你会活得非常喜悦、自信、充实，获得生命深层次的快乐。

老子说过，"无为而治"。从另一个角度理解，如果你要很努力地"作为"才能做好一件事，那就说明这不是你的天赋和使命。举个例子，我最开始做财务工作的时候，每天都在各种报表中计算公式、核对数据，这让我特别痛苦，我每天都加班加点，却仍旧干不好，经常犯错。

那年的我 26 岁，感觉自己像个废物。我虽是名校会计学研究生毕业，手持 CPA[①]，却做不好一张报表。

我不甘心啊。

后来我看了大量的书，做了大量的测评，想找到自己的价值究竟是什么。但是测评报告只能告诉我，我的个性特征、职业兴趣和能力优势大概是什么类型。但是这些无法证实我真的拥有这些优势。

后来我一项一项地列出我做得最有成就感的事情，终于恍然大悟。我发现我最喜欢的是帮人解决问题，从 0 到 1 去搭建一个系统，而不喜欢做被各种条条框框束缚的工作。我最享受的工作居然是去组织各种培训和交

[①] CPA：certified public accountant，中国注册会计师职业资格证书，中国最具含金量的职业资格证书之一。

流活动，而不是天天对着电脑和数据死磕。为什么这些事情让我这么愿意投入，这么有成就感，哪怕不给我钱，搭上业余时间，让我去干，我也很开心。

在自我盘点的过程中，我深刻认识到：自己喜欢什么，擅长什么；不喜欢什么，不擅长什么。我不再理会别人的眼光，不再在乎家人的要求，而是寻求能发挥自己优势的职业和工作条件。我果断放弃了自己不擅长的财务工作，转向了我喜欢的咨询和培训事业。

事实证明，做自己喜欢的事情就是活出了真正的自己。

后来，在辅导大量的职业培训师，以及为知识 IP 找到自身定位的过程中，我都会通过经验盘点的方式找到学员过往经历中的闪光点。从个人闪光点中，我再进一步聚焦学员个人喜欢的、擅长的并具有长期市场价值的领域。

举个例子，有个学员曾是世界 500 强企业的人力资源业务合作伙伴，她有非常资深的行业资历。但是，她一直不知道自己身上的优势是什么，做知识 IP 时总感觉自己找不到一个清晰的落脚点。后来我通过经验盘点，帮助她找到了一个差异化优势——她是一位战略型的人力资源，在企业里最有价值的经验是每年帮助子公司的核心管理层做企业战略落地规划，通过业绩复盘、战略规划、战略解码、目标分解，帮助公司科学地制定战略、做计划并落地到日常经营管理和跟踪辅导。她连续做了很多年，每年都帮助子公司超额完成目标。

我发现这个能力在人力资源群体当中是很少见的，这也是她特别受业务总裁器重和认可的原因。我告诉她：你的这项能力非常有价值，也是非常有独特性的，你是一位战略型的人力资源业务合作伙伴。

她当时特别兴奋，因为她终于找到了自己的独特价值，这也恰恰是她自己可以输出的部分。她很快就完成了自己的咨询客户获取收益规划，客单价达 8 万元。

通过对成就事件的盘点，学员也会更加自信，并且开始变得笃定和踏实。《大学》："知止而后有定。"知道自己要努力的方向之后，就像一个人内心有一个锚点，开始知道自己围绕什么方向来做事，能量就能聚焦了。

2. 萃取优势经验，打造高端产品

很多人有一个自我设限的问题，就是一直觉得自己还"不够"，需要继续学习和沉淀。但是到什么时候算是"够"呢？

我想对那些一直觉得自己没准备好的人说，其实客户真正需要的只有你专业部分的 10%，所以你不需要过度准备。你学习得越多，就会越焦虑。相反，如果你越早接触到目标客户，你就会进一步聚焦你的人群画像，调整产品思路。

其实，很多时候你的知识储备是够的，但是由于你没有经过系统的梳理，你不知道自己到底有多少。就像一个衣柜里堆满了衣服，如果你没有经过系统化的整理、分类，你就会一直觉得自己缺少一件衣服，结果衣服越买越多，内心却依然焦虑。你每次急着要出门的时候，还是搭配不出来一套好看的服饰。

如果是这种情况，你需要通过经验萃取把自己的知识体系做梳理和归纳，最终沉淀出一套属于自己的解决问题的知识体系。相反，如果你的大脑中的知识经验未经整理，是零散的、碎片化的，你就很难输出一套自成体系的解决方案。

同时，你不要教授在别人的课程里、书里学习到的内容。你教给别人的，一定是经过自己亲身验证过的有效的方法论。你一定要从自己的标杆实践经验出发，先萃取自己的，然后对于自己不够的地方、跑不通的地方，再借鉴别人的。只有这样，你才能够形成原创的知识体系、原创的知识产权。在这个基础上，才能打造出自己原创的知识产品。

我在辅导知识 IP 的过程中发现了一个很有趣的现象，即一般人都喜欢向下赋能。也就是说，我要给那些比我能力弱或者社会地位比我低的一些人赋能，似乎只有这样做，自己交付起来才比较有自信。

但问题是，能力和圈层比你低的人，他们不一定是你的最佳客户。

为什么知识产品也要服务于高端客户？

第一，因为知识产品主要是课程或者咨询，需要学员 / 客户自己消化理解后，再去行动，取得结果。如果客户的认知和你不能同频，你讲的知识点他们无法消化理解，那么你带起来会非常困难。

第二，我发现高端的客户群，其自身的能力强，执行力也强。他们能够理解你产品的价值，听懂就去做，不纠结不啰唆，听话照做出结果。这些人自己的圈层质量也都很高，更乐于分享。他们会乐于给你带来一些转介绍客户，从而使你的事业进入一个正向的循环。

举个例子，我的萃取师学员里大伽云集，有高管、博士生导师和企业家，他们是怎么聚在一起的呢？有一位企业女高管，因为她学习后非常受益，她就介绍了一位博士生导师，而这位博士生导师又介绍了一位上市公司前任总裁。由此可见，你在一个高质量圈层里溅起了水花，就会连带影响这个圈层里的很多人。

所以，与其说降维赋能，不如做错位互补。要成交比你级别更高的社会圈层，其实只要你的产品和服务是他们所需要的，他们就会成为你的客户，同时还会给你的项目带来许多品牌背书。

能够让知识转化为行动，知识才是有价值的。所以，我建议有专业实力的 IP 做以交付结果为导向的高端知识产品。

3. 批量营销推广，持续输出价值

以前的传统营销方式，需要营销人员一个个地打销售电话，或者做线下的面对面交易。但是现在不同了，互联网时代为营销人员提供了巨大的便利。线上业务其实特别容易做批量化运营。批量获取流量、批量筛选需求、批量搭建信任、批量成交客户，威力巨大。

很多人在线上通过社群发售模式就实现了几十万元甚至百万元的营收。所以说，现在如果你怕知识产品卖不出去，那是因为你还没有掌握正确的方法。

很多人会问：去哪找客户？其实第一批优质客户都在你的朋友圈，你的朋友圈就是最好的资源池。这么多年的工作／生活下来，你的人际关系网络中积累了大量的潜在客户资源。只要你在某一领域的业务能力是突出的，那么你对一些相关人群就会有吸引力，产生灯塔效应。

朋友圈不仅是一个朋友圈，也是你展示自己业务能力的一个端口。刚开始你做知识创业的话，朋友圈里信任你的客户资源就是你非常重要的私域来源。当然不光是你自己的朋友圈，那些有你目标客户的朋友的朋友圈，那些支持你报名课程的老师的朋友圈，其实都是你可以撬动的朋友圈资源。

我们打造好产品后，就要开始布局自己的朋友圈，激活自己的现有私域。把这些私域好好运用起来，你就可以实现在朋友圈开采你的第一桶金，实现原始积累。

综上所述，可总结一个公式：

百万营销＝高客单价产品 × 私域目标客户数量（自己的私域＋能撬动的私域）

通过原始私域的开发、客户的交付，你会完成知识创业的原始积累。这个原始不只是营收，更重要的是你的客户画像越来越精准、产品打磨越来越成熟，也包括产生大量成功案例，形成客户口碑，促使你掌握了一套做好线上业务的运营逻辑。

但是原始私域的客户资源毕竟有限，是会消化完的。你消化完了私域的有潜力客户，就要及时去开拓公域的资源，做好持续引流。这个时候你最重要的工作是要持续做价值输出，吸引公域的精准流量，搭建公域转化到私域的渠道。

在这个阶段，针对目标用户进行精准、持续的高价值内容输出，是知识 IP 长久持续经营下去的核心能力。在这个阶段，萃取也将会发挥巨大的价值和作用，帮助 IP 提升内容输出能力。

总结一下，聚焦核心优势，沉淀知识资产。围绕一个目标人群的痛点问题，设计高价值的产品，做批量化的营销，带着客户出结果。然后，开始转动你的商业飞轮。

后面的章节里，我会详细拆解这三个步骤的操作过程，开启一个激动人心的旅程。

本章思维导图

职场

早晚要退出职场　晋升空间有限

缺乏自由度　收入水平难掌控　替代风险高

被动转型
- 主动转型
- 退休转型

沉淀　知识资产

职场可视度

提升　专业护城河　构建

职场面临的5大挑战

1. 不知道自己有什么经验
2. 不了解自己的经验价值
3. 说不清楚自己的经验
4. 缺乏高效的反思方法

隐性经验

退出职场的3种选择

通过萃取技术

结合个人规划

聚焦经验主题

离开职场前的3项准备

显性资产

知识体系
知识产品
知识载体

知识创业的必经之路

经验萃取

沉淀知识体系 → 开发知识产品 → 实现知识创业

缺乏知识体系 → 缺乏含金量产品 → 知识创业困难

经验萃取

知识付费2.0时代的掘金策略

知识付费时代　流量型IP　现在　结果付费时代　知识型IP　未来

1.经验盘点

盘点高光时刻
找到独特价值

喜欢　擅长　市场

2.经验萃取

萃取优势经验
打造高端产品

付费能力强 → 自身能力强
高端客户群
乐于转介绍 ← 执行出结果

3.经验变现

批量营销推广
持续输出影响力

激活私域　开拓公域

4.创业路径

先从0到1实现闭环
再从1到10进行扩张

10
1
0　闭环　扩张

一条职场人的低风险转型路径

独立服务客户　资金投入少
时间支配自由　投资个人成长
自媒体链接客户　可控性和灵活性强

知识创业

➤ 本章小结与行动指南 ◄

1. 你曾经给自己计划过职业转型吗？你希望转型以后做什么工作？

_____

_____

_____

2. 如果你已决定做知识创业，那么你具备的优势是什么，还需要具备哪些条件？

_____

_____

_____

🕐 行动指南

扫描右侧二维码，请你做一个简单的测评，看看自己是否适合做知识创业。该测评将从创业的动力、愿力、能力三个方面对你进行评估，帮助你进一步厘清自己的想法。完成测评可以领取经验萃取 12 讲公开课。

测评

_____

_____

_____

第2章

经验盘点，
找到你的独特价值

数十年的人生经历给了你丰厚的生命体验，回顾那些闪闪发光的成就，你可以找到自己的独特价值，更加清晰笃定地发挥自己的核心优势，从而十倍、百倍地放大自己的价值。

第1节

每个人都有 100 万元的
创业原始资本

很多职场资深人士其实并没有意识到自己的经验原来很有价值。要知道自己经验的价值有多大，一定要去破圈验证。

1. 小众的经验竟然价值百万元

我自己的最后一份工作是在财务培训公司做课程开发。我在上班的时候，从来没想过，我离开培训公司后这个经验能有什么价值。

课程开发这件事，我肯定不是市场上第一人，也不是做得最好的。在这个领域已经有很多老师出过书，讲了很多年的课，如果跟他们比，我可以说是寂寂无闻，市场上从没听说有我这么一个人，而且最早我只是给财务人群做课程开发。

后来我是怎么意识到我自己的经验很有价值的呢？

2016 年我参加了一个培训师的项目，我发现，想成为培训师的人都非常需要找到把自己的经验开发为一门课程的方法。而我恰恰在这一块有非常多的经验，我可以很好地帮助同学们。于是，在同学们的推动之下，我开发了第一门课程——《如何把工作经验开发为一门实战课程》。

后来我把做课程开发的能力用到了企业中。很多企业需要培养内部的培训师（简称内训师），但是内训师缺乏课程开发的能力。我接了好几个教内训师做经验萃取和课程开发的项目，当年一下就实现了收入的数倍增长。

知识付费兴起后，我又发现，很多人想在网络上讲课，做知识获取收益，他们虽然有经验，却说不出来，而我的这个做课程开发的经验恰恰可以帮助到他们。

所以，你自己觉得平淡无奇、非常小众的经验，可能恰恰是别人非常渴求的。他们甚至愿意出几倍的价钱向你学习以获得这些经验。关键是你要走出去，破圈验证后，就会发现可以把一份经验做多次复制。

破圈就是要打破原先的社交圈，比如通过参加培训或者高质量的社群交流，去和不同行业的人深度链接，你才能发现自己经验的用武之地。

我有个朋友 H 总，之前在一家大企业某头部电商做渠道管理，特别擅长做经销商赋能。在她的带领下，她的团队很快把业务做到了行业第一。她离开大企业以后，就重新寻找适合自己的定位。一开始，她也不知道自己原先的职场经验如何赋能她职业转型。

她参加了很多个圈子，终于发现了一个市场机会：很多完成从 0 到 1 阶段的电商小企业老板特别需要搭建渠道，但是他们不知道怎么批量开发渠道、如何对渠道伙伴进行赋能管理，导致业务发展出现瓶颈。

她跟很多老板交流后发现，自己的渠道管理思路对他们非常有启发。于是，她推动了她开发的一套针对电商小老板的渠道管理咨询方案，直接帮助小老板从 0 到 1 做渠道搭建并为他们赋能。后来她批量复制她的这项能力，半年之后她的客单价翻了好几倍，咨询需要预约排队。

所以，如果你一直在你原来工作的圈子里，你一定意识不到：原来你的经验还很有市场需求。可当你走出去和各类人群不断地交流后，你就能聆听到不同人的需求，从而将其和自己的能力联系起来。当别人的需求和你的能力对上的时候，就产生了一个市场机会。你可以把自己的能力复制给很多公司 / 个人，就能实现你的经验批发、营收倍增。

2. 重视你自己的经验

在知识付费圈，我经常观察到这样的现象：许多人刚转型时，总感觉自己积累得还不够充分、不够优秀，于是一直在报课学习，结果越学越焦虑。

因为他们一听课，就会发现：别人已经总结得如此出色，我还能讲得更好吗？这个领域的人实在太多了，我是否与他们有区别？这时他们就会感到畏缩，容易自我怀疑，不敢前进。其实是多虑了，别人的课程都是打磨过的、下过苦功夫的，你拿自己的半成品跟别人的成品比，这个思路本身就不对。

还有的人觉得自己刚开始做，就去先学习别人的，抄个作业，但是又没有做出自己的独特性。学了一些认证课以后，他们给自己贴上了"××教练""××导师"的标签，但是又没办法把自己学习到的知识整合到自己的体系中，服务于自己的核心竞争力，甚至只是简单复制了老师的课程内容、服务内容，做个低价的产品。

我觉得这也是对自己经验的一种巨大浪费，他们没有把自己原先积累的优秀经验总结出来创造出独特的价值。跟风模仿无法产生差异化的价值，特别容易陷入红海竞争。

所以我的理念是，每个人都要从自己的经历中挖掘自己的独特价值。你能找到自己的独特性，就已经定义了一个细分市场，而这个细分市场就已经价值百万元，甚至千万元了。

有个同学曾咨询我说，自己的定位是优势教练。我就问她：市面上有那么多的优势教练，那你做的和别人有什么不一样？她竟一时语塞。我通过深入交流后发现，她有一个非常好的职业背景——她在销售管理方面的实战经验非常丰富，特别擅长通过优势互补为团队搭建思路，帮助团队创造佳绩。

如果她把自己定位成一个优势教练，无非就是给客户做标准化的测评和解读，其实并没有体现出她的独特价值。我建议她把自己定位成销售团队优势教练，帮助管理者运用优势思维搭建团队，提升团队绩效表现。后来，她把自己过去的管理经验结合了新知识，创造了一个自己的独特价值和细分领域。

总结一下，对于知识创业者来说，过往的成功经验就是最宝贵的创业资本。你不需要重新开始积累，你只要找到自己身上最闪亮、最具价值的那部分经验，明确自己的独特价值，然后把这个能力复制出去，就可以轻松实现营收倍增。

第2节

盘点成功事件，
发现核心优势

上一章讲到，过去的成功经验能够成为职业转型后的创业资本。但是在过去数十年的工作生活经历中，我们做过很多大大小小的事情，经验如同汪洋大海，哪些经验最有价值呢？

有些人觉得，自己的经验很丰富，太多了，不知道应该选择哪个。

有的人觉得，自己这么多年好像一直在为公司打杂，哪个也不够出色。

还有的人觉得，自己的经验都特别普通，哪个都拿不出手。

不管是哪种情况，你一定要回顾自己的成长经历，找到自己的高光时刻，并且将其全部列出来。所谓高光时刻，可以是你解决过的典型难题，也可以是你自己做的很有成就感的事件。

1. 发挥优势的人更容易取得成功

经验盘点的目标，就是要从你诸多的成功事件中，总结提取出你喜欢做的、不是特别费力就能做好的事情，你创造最大价值的事情，以及你最擅长、最被人需要的经验。这三者的交集点，就是你的核心优势所在（见图 2-1）。

为什么一定要找到自己的核心优势呢？

积极心理学之父马丁·塞利格曼认为，我们只有发挥优势时才能使自身真正得到发展。那些发挥自身优势完成目标的人更可能实现终极目标，也更可能获得成就感。

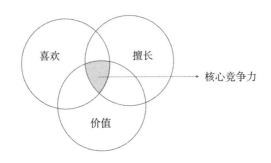

图 2-1 核心优势交集点

塞利格曼还认为，当你处在以下情形时就是在发挥优势：

（1）感到真实；

（2）感到激动；

（3）学习效率高；

（4）利用现有技能创新；

（5）渴望做某件事；

（6）感觉必须做某件事，无法阻止自己；

（7）感到精力充沛，不疲倦；

（8）发现自己能根据要求全情投入活动和项目；

（9）心生喜悦、满腔热忱。

我自己就是一个靠优势逆袭的人。我原先做着自己不喜欢的财务工作，那时非常痛苦，每天小错不断、大错频发，每天活在愧疚和自责中，特别消耗自己的能量。

可是，后来我选择做咨询、培训工作后，就像换了一个人。虽然我也是从零开始，很辛苦，但是做着自己喜欢的事，我总是乐此不疲。哪怕我当下做得还不够好，但我会主动花很多时间和精力去研究、学习、实践，而且做自己喜欢的事情灵感无限、不知疲倦。

所以，一个人做自己喜欢的事情更容易出结果。相反，一个人如果一直在用自己的劣势、短板去做事情，其结果只会越做越沮丧，更容易怀疑自己。

在经验盘点的过程中，萃取师会带领学员一起回顾学员的巅峰时刻和成就事件。这些高光时刻中蕴含着他的能力和热情。对于读者，我们可从旁帮助他分辨：这一高光时刻发挥了他的哪些优势？什么是他最喜欢且擅长的事情？

萃取师会通过学员自己的成就事件回顾，引导他不断看到自己的亮点，指出他的能力优势，深挖他的内心动力来源。当一个人能够看到自己身上的优势和能力后，他就会燃起很多希望和信心，整个人获得很多积极的能量。很多学员被萃取后，感觉自己优势聚焦了，也很清楚自己应该往哪个方向走，一下子就有了目标和行动力。这时候他的信心会得到非常大的提升，整个人的能量水平提升好几个档次。

接下来，我建议正在阅读本书的你，可以准备一包便利贴、一张 A4 纸和一支笔，给自己做一下经验盘点。

2. 三个步骤，盘点自己的经验

第一步，回顾高光时刻。

你可以用 A4 纸画出自己的时间轴，如果时间跨度比较长，用三张 A4 纸横向连接也可以。在时间轴的下方标记年份，在时间轴的上方标记自己的高光时刻——在这一年取得了什么优秀的成果（见图 2-2）。

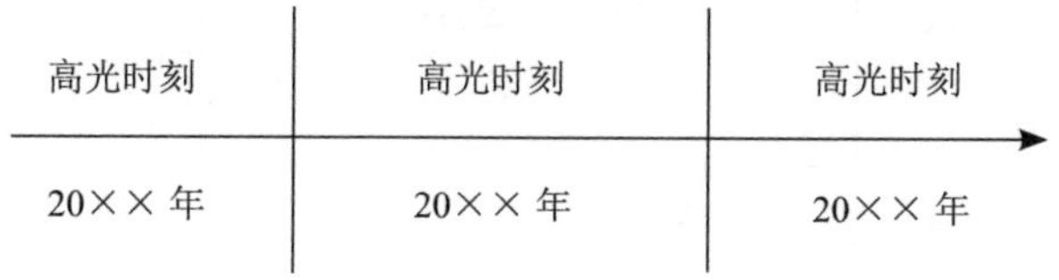

高光时刻	高光时刻	高光时刻
20××年	20××年	20××年

图 2-2

为了便于理解，我将自己近 10 年的高光时刻进行梳理，供你参考（见表 2-1）。

表 2-1 经验盘点示例

2012—2013 年	2014—2016 年	2016—2017 年 转型期	2018—2019 年	2020—2021 年	2022—2023 年
• 开发 500 强最佳实践系列课程，获得公司年度"金点子奖"	• 负责公开课、研修班产品开发，课程质量好评度提升 • 核心产品标准化，实现营收千万元	• 受聘成为多家培训机构课程开发顾问 • 受邀在干聊大学开课，教授《如何把职场经验转化为一门实战课程》，7000 多人次参与	• 写经验萃取的相关文章，发表在《培训》杂志 • 给 500 强企业、银行交付培训项目，线下课程有口碑	• 运营一个在线学习平台，短时间做过多个品质爆款课 • 帮助顾问公司进行销售冠军经验萃取与人才批量复制，使其业绩提升三倍，成功实现 A 股上市	• 疫情下用 7 个月通过线上打造个人品牌，实现百万元营收 • 开创了个体经验萃取的方法论，赋能数百位学员 • 建立了国际职业经验萃取师培训基地

当你写下你的高光时刻的时候，可能你对这些过去的事件已经记忆模糊了。如果只是在自己头脑层面进行回顾，你很难还原整个事件，也很难再体验当时的心境和感受，自己也很难总结出来，到底自己身上的独特亮点、优势是什么。当自己无法确认的时候，你就不会笃定，容易自我怀疑。

所以，相比于自我回顾，互动式的提问对话是一种更加有效的方式，一般是由专业的萃取师智囊团对一个人进行高光时刻的盘点和回顾。萃取师掌握谈话的逻辑和引导的艺术，会更好地帮助你深度认知自己。

如果你身边没有萃取师，我建议你写完以后，可以找 1～2 个朋友扮演萃取师角色，来向你提问、与你互动。在讲述过程中，有人与你互动，有人对你产生好奇，给你积极的反馈，会激励你讲得更多，回顾得更深。

经验盘点一般用先发散再收敛的方式进行。先发散，是指先展开讲每个成功事件，在事件的细节中探索自己喜欢什么、擅长什么。再收敛，是指在自己喜欢、擅长的事情基础上，聚焦哪个经验最具有市场价值。

第二步，先发散，分享高光时刻

一般从选择你最有能量的成就事件开始，再逐个分享。你可以把下面这些问题讲给你身边的伙伴听，也可以请朋友向你提问。

（1）这是一件什么事，这件事为什么重要；

（2）你当时克服了什么样的困难；

（3）你是怎么做的，最终取得了怎么样的结果；

（4）你觉得最享受的部分是什么；

（5）你觉得同样做这件事，你的理念和做法和别人有什么不一样，让你取得了这个结果。

在讲述的过程中，你会发现自己最有激情的事情是什么，于是你会滔滔不绝，特别想要分享给别人。扮演萃取师的伙伴，要注意观察讲述者的状态变化，哪件事他讲得特别流畅、最有能量、最能产生心流体验，而且他的做法听起来很特别、很有效。

（1）如何评价一件事情你自己是否喜欢呢？如果你有三个以上的肯定回答，说明你真的喜欢这件事（见表2-2）。

表2-2 评价喜欢程度的标准

序　号	评价标准	评价结果
1	不管有没有钱、有没有人支持、有没有时间，我都会去做这件事	
2	这件事做完以后，我内心有极大的满足感	
3	我总是很期待去做这些事，一有时间就喜欢钻研	
4	我非常乐于和别人分享与这个话题相关的经验	
5	我为这件事投入了很多金钱	

（2）如何评价一件事你是否擅长呢？如果你有三个以上的肯定回答，说明你是擅长这件事的（见表2-3）。

表2-3 评价擅长程度的标准

序　号	评价擅长的程度	评价结果
1	我有过很多类似的成功案例	
2	经常有人请教我这方面的意见	
3	我经常被邀请做这个主题的分享，且听众觉得有收获	
4	我在这方面有过5年以上不间断的积累和刻意练习	
5	我精读过20本以上的相关书籍，能够历数这个领域内的顶尖专家	
6	我能随时随地就这个主题做30分钟的脱稿演说	

（3）如何评价一件事是否有市场价值？如果你有三个以上的肯定回答，说明这件事的市场潜力比较大（见表2-4）。

表2-4 评价市场价值的标准

序　号	评价市场价值	评价结果
1	对这个话题有需求的人群基数庞大	
2	客户的痛感足够强，靠自己无法解决问题，愿意付费	
3	市场竞争对手不多	
4	身边的目标受众人群比较多，且信任度不错	
5	这个市场具有长期可持续性，且不受政策环境影响	

第三步，做收敛，筛选经验主题

通过回顾，你会发现：在你的这些高光时刻中，哪些是你特别喜欢做的事情，而且你做得很有成果？哪些事情创造了最大的价值？在这些你喜欢又擅长的事情中，哪个经验是最被人需要的，且有长期的市场需求？

有些伙伴会感觉自己有好几个主题方向，但是不确定哪个好。我建议可以用图 2-3 所示的矩阵进行研判，根据喜欢又擅长的程度和市场价值进行分类。

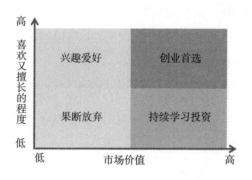

图 2-3　知识创业方向筛选矩阵

如果是自己喜欢又擅长程度高且有市场价值的，可以作为创业首选；如果是自己喜欢又擅长但市场价值不高的，可以作为兴趣爱好；如果是市场价值高，自己也喜欢但目前不太擅长的，那么可以持续投资，直到自己成为这方面的专家。自己不喜欢又不擅长，也没有市场价值的，就可以果断放弃。

3. 找到独特价值的经验

很多人有工作经验，但觉得自己没有什么特别的突出点。通过经验盘点，每个人都会清晰地回顾自己身上的所有高光时刻，这个过程能对自己赋能。

我有个学员叫 Sunny，她是零售外企的培训经理。通过经验盘点，她发现自己喜欢也非常擅长做与门店的业绩提升相关的培训，她曾经通过培训培养了很多销售冠军店长，帮助门店大幅度提升销售额。在她所有的经验中，这是她最具有市场价值的部分，所以她找到的独特价值是"门店业绩提升的培训项目设计"。

虽然她所在的公司属于鞋业，但由于门店零售的培训需求和方法论都是相似的，所以她的这套经验萃取成果可以应用在服装、化妆品等其他领域。这些企业同样有提升门店业绩的需求，而她未来的舞台也会更大。

还有个学员叫北北，她是一家互联网大厂的视觉设计师。通过经验盘点，我发现她最强的能力是做"助力用户增长的视觉设计"。通过她的视觉设计，可以显著提升一个网站的点击率和留存率。这件事她做得非常有成果，而且最具有市场价值，因为无论对哪家互联网公司来讲，用户增长和留存都是刚需。有了这套方法论的沉淀，她未来可以把这项能力顺利地复制和迁移到其他业务场景中。

一旦找到了自己的优势经验，一个人的状态就会变得非常笃定和自信。你会相信自己身上是有闪光点的，但你可能还没有想清楚自己的经验用在哪个赛道上最具有价值。

比如，我通过盘点发现，在多个主题中，喜欢和擅长程度最高的是专家经验萃取。于是，我把专家经验打造成标准化的课程，将其用在企业中，帮助组织实现人才复制、业绩增长，将其用在个人身上可以帮助专家做产品开发、知识变现，这两块经验也是市场上的稀缺能力，属于长期需求。

但是问题来了：同样一项能力，做个人品牌到底用在哪个赛道？这是一个需要考虑的问题。

我原先做大企业的萃取、培训，是做 B2B（企业到企业）的业务模式，需要走企业采购的流程。这些企业的决策流程比较长，通常是和培训机构合作的，机构负责洽谈客户，我负责交付即可。而我在线上打造个人品牌，直接面向 C 端客户进行业务推广和成交。

那么，我到底是把经验萃取这项能力用在帮助小企业主做经验萃取与人才复制，还是帮助知识 IP 做经验萃取与知识产品打造呢？看起来，前面的选择收费可能更高，但它好像没有后面的选择那么令我心动。

到底走哪条路更好？下一节我将和你分享我的定位历程。

第**3**节

定位常见纠结——
喜欢和盈利，选哪一个？

本节重点讲解如何做个人品牌的定位。定位就是定心，没有定位之前，你的心也没有归宿，能量也是发散的。

那么个人品牌的定位到底是什么呢？我认为，定位要通过发挥自身的哪些天赋和优势，帮助什么人解决什么问题进行。上一节我和大家讲了如何找自己的优势，但是只回答了前半句。把这些优势用在什么赛道，帮助什么人解决什么问题，才是定位的关键问题。

很多人在打造个人品牌的时候，都曾经在定位上纠结过一段时间：

（1）我能做的事情还挺多，但是哪个赛道更有市场前景呢？

（2）有的方向是看起来很赚钱，但是我个人不是很有感觉，应该选择哪个呢？

（3）有的定位是我自己很喜欢的，但是看起来不怎么赚钱，要果断放弃吗？

（4）商业导师给我规划的定位我总感觉心里不是很笃定，这是为什么呢？

定位的问题想不清楚，就会很迷茫，就有一种浑身有劲却使不出来的感觉，发朋友圈也好、做短视频也好，总感觉没有焦点，不知道往哪个方向聚焦。

有的商业导师会跟你说："别纠结了，你现在最重要的是行动，你先找一个定位，跑起来再说。"但是，你就是很难行动，顾虑重重，边做边质疑："我真的要走这个定位吗？"你心里总有个声音在反复质疑自己。

我自己也经历过这样一个阶段，可以称之为"黎明前的黑暗"。

1. 我在定位上"掉过的坑"

我在企业端的人才批量复制的经验非常有价值，曾有导师建议我给小企业主做人才复制的工作，快速培养人才，节省老板的时间，提升老板的业绩。

我刚开始觉得这是一个很好的定位，因为我给大企业都做过了，再给小企业做不是很容易吗？但是在实际操作过程中我犯了难，因为我的人群画像不清晰：我的目标学员是什么样的企业主？他们为什么需要找我做？

我给企业做经验萃取和人才复制项目，其实周期不算短，包括问题诊断分析、经验萃取、SOP制作、课程开发、经验复制推广等一系列事情，操盘也需要一两个月的时间才能完成。即使我给小企业主做这些事情，过程也节省不了多少时间，但是收费上远远无法达到大中型企业端的收费标准。

更重要的是，我发现我对这些人的痛点是无感的。因为我过去工作的经历——做顾问和培训都是和大企业打交道，这种小企业主的痛点，我完全无感，甚至都罗列不出来痛点清单。首先，信任度不够，因为他们没有看到给小企业主做的类似案例。其次，一次付费数万元，对他们来说是不小的投资，要和合伙人商量、要和家里人商量，甚至要和员工沟通。

我自己内心也存在很多疑惑。首先，我目前这类客群的资源不多，我对这个人群似乎也不是很有感觉，他们的人才复制需求没有那么强烈，预算也没有那么充足。所以，我总感觉哪里不对劲，又说不出来有什么更好的方向。

很多人也曾经犯过跟我一样的错，有的定位看起来收费更高，却发现这个定位不是自己真正喜欢的，内心缺乏使命感，那是无论如何也行动不起来的。就算你勉强做起来了，心里总有个声音说：这不是我最想做的事情。

那该怎么找到自己的使命愿力呢？

2. 找到愿力，定位就聚焦了

当时我正好参加了企业培训界的专家田俊国老师开设的心力提升训练营的课程。田老师说，一个人的心力包括五个方面，即耐受力、连接力、复原力、愿力、自控力。使我收获最大的是田老师的一句话：一个人的人生，可以分为找到愿力之前和找到愿力之后。

人生就是带着某种使命来的，为干一件大事而来。愿力就是找到自己的人生使命，有了愿力以后，你所有的能量就会聚焦，开始为了实现一个目标全力以赴、有所作为。

他说："愿力，能够带给人深层次的快乐，是和利益无关的诉求。"我当时就想，为什么我这么热衷于帮助别人挖掘优势、萃取经验呢？就算不给我钱，我也会干得很投入。我总结出两方面原因：

一方面，我有这方面的天赋，我的提问倾听、逻辑思维、本质洞察、概念表达能力较强，让我做这件事很轻松而且很有结果；另一方面，我对于别人的痛苦能够感同身受，我特别理解他们在三四十岁的年纪强烈地希望转型开辟第二曲线这一种行为。我自己就是这样走出来的，所以特别想帮助他们，这无关利益。每一次和他们交流之后，我内心都非常充盈和满足，帮助他们，让我获得了一种深层次的快乐。

就在这个时候，以前的萃取学员 Judy——一家外企的销售总监，和我探讨想开发一门新的课程。我问她："你觉得我对你帮助最大的地方是什么？"

她说："你帮助我盘点了过往的人生经验，让我知道自己的核心优势，我就有了一个具有差异化的个人标签。不仅如此，你还给我梳理了一套我的知识体系，有了这套知识体系，可以很清晰地指导自己的工作。你帮我打磨的那个课程，我在我们行业做了很多次分享，都得到了很好的反馈。你是我的贵人。"

当时我非常欢喜，我想：太好了，我终于知道自己的使命了！我的使命就是：帮助更多人发现自己的核心优势，把优势经验梳理成知识体系、打造知识产品，让更多人能够用他们的经验优势赋能别人，成人达己。

找到目标以后，我真的欢欣雀跃，内心非常感恩和充满力量。当天我下笔写"晶萃计划"产品文案时，思如泉涌，有如神助。带着愿力，带着助人之心，这个产品的推广特别顺利。

目标清晰以后，所有的能量就聚焦了，一门心思就只想干好这一件事。我的所有输出，包括朋友圈、文章、视频、公开课、书籍，全部围绕一个点展开，感觉特别有能量感。

我原先是一个疏懒的人，但愿力就好像打开了一个人的精神开关，我现在每天精神焕发，每天都有源源不断的点子冒出来，想为这群人做一点什么，感觉总有使不完的劲儿。

我面向个体设计的晶萃计划一开始只卖几千元，相对于我给企业交付人才复制的费用来说，这个价格只是一个零头。但是我确实很开心，而且做得很有成效，口碑和价格水涨船高，这个项目当年就营收了几十万元。

3. 用 WANGT 模型做定位取舍

回顾自己的定位之路，我发现：我在定位上得到的最大启发，就是一定要找到自己内心的愿力。有很清晰的使命感，会得到目标对象强烈的共鸣。

我现在回想起来，我的所有成交都不是因为我的销售能力有多强。我其实没有什么销售技巧。我只是认真地倾听对方的问题，共情他们的感受，真诚希望分享自己的经验，用我的方法论帮助他们。

所以，我认为一个好的定位是出于一种发自内心的爱：你有一种不可遏制的慈悲心，就是想通过自己的天赋和优势帮助这个人群解决当前困扰他的问题，引领他实现理想状态。

我们周围总有许许多多的声音，引导我们去做各种各样的事情。问题在于：我们如何分辨哪些是世俗的噪声？哪些是体内各种激素的刺激反应？

哪些又是内心深处的召唤呢？《少有人走的路》作者——M. 斯科特·派克说：多年的经验告诉我，下面这两条原则，可以帮助我们进行区分：

（1）使命召唤我们做的事情，一定是我们"最需要"的；

（2）这件事情也是"最需要"我们去做的。

如果我们十分热爱一件事情，能够从中获得极大的乐趣，那么它就符合了第一条原则。如果我们所做的事能让我们发挥极大的价值，对他人及世界产生意义，那么它就符合了第二条原则。这两条原则必须同时满足。

所以，后来我帮助学员做定位时，它们变成最重要的原则。

如果你梳理出来的优势经验有多个应用场景，你正思考到底以哪个为定位方向时，你可以用 WAGNT 法则进行判断，就会找出你内心的真正需求。

will：你想帮助这个人群的意愿有多强？

ability：你有充分的能力帮助对方解决问题吗？

need：这个人群对你的经验需求强烈吗？

gratification：做完以后你内心的满足感有多强？

target：你能够帮助的人群多吗？

用表格（见表 2-5）来对比下，你就一目了然了。

表 2-5　WANGT 模型对比表

项　　目	帮助小企业主做人才复制	帮助 35 岁以上的职场人
will	一般，对他们的痛点无感	非常强，对他们的痛点感同身受，太希望帮助他们了
ability	专业能力没问题，但是推动能力不确定，解决客户问题需要多方配合	很确定可以帮助他们；他们的问题我都经历过，我有思考和沉淀
need	没那么强，似乎老板自己也能做，只是请顾问更专业	大部分人没有做过自己的经验沉淀，需求很强烈，无法自己完成
gratification	如果客户有业绩增长，个人满足感还是很强的，但是客户出结果的概率无法预测	每一次做咨询都能产生心流体验，我得到强烈的满足感
target	总体上人群有限，自己能接触的也不多	35 岁以上的职场人太多了，自己朋友圈中 80% 都是

所以，回到主题，如果你知道自己具有某一方面的经验优势，但是在选择赛道的时候会纠结，那么不妨想想看：你更想帮助哪个人群？如果你能从使你最有共鸣的人群出发，带着爱和慈悲去做事，不计较当前的收入水平，那么你就一定会赢得更多人的心。

第4节

给定位估值，
做坚定的长期主义者

如果我问你："做知识创业，除了个人情怀，还有什么动力吗？"

你可能会说："那我不能光说情怀啊，虽然是我喜欢的，我有愿力的，但是它是不是一个有市场价值的主题呢？"

这是一个很好的问题。你会不会给自己的经验估值呢？

就像很多商业项目，在融资之前都要给自己的项目估值：估算项目的投资收益、增长潜力、能够实现的市场价值。那么，在做个人创业项目的时候，你也可以给自己做个估值。

我们可以把市场潜力量化，用一个公式来表达：

市场潜力 = 付费客户人数 × 付费价格 × 可持续性

1. 如何评估付费人数

首先，在市场广义层面上潜在目标人群有多少。比如，经验萃取这个主题是各行业都广泛适用的，所以人群基数非常庞大。

其次，你得意识到对自己有这方面需求的人群有多少。比如，你能够通过你的文案 / 海报唤醒需求，察觉到对自己有需求的人有多少，有需求才会有购买的意向。

最后，看能够为这件事付费的人有多少。如何评估目标客户群的付费意向呢？你可以看看这个人群是不是爱学习，有没有为知识付费的习惯。

关于付费人群的比例，大致可以用客户漏斗（见图 2-4）来表示。

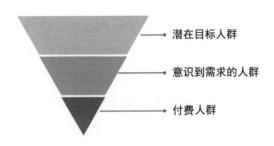

潜在目标人群

意识到需求的人群

付费人群

图 2-4　客户漏斗

不要担心你的定位领域太小众，每个小众市场都有千万元的产值。

举个例子，我有个学员叫青风，她觉得自己工作经验并不多，毕业后七八年的时间里一直在考证。通过经验盘点，我发现她有一项能力特别突出，就是学习能力很强。她毕业后考了四五个财会类的证书，都轻松过线了。她一边上班一边考证，学习居然还能这么高效。我说，你应该好好萃取自己的这个能力，因为很多上班族在考证过程中容易无疾而终。

后来我们的萃取师智囊团帮助她萃取了一套上班族快速考证的方法论，她从一开始 MVP[①] 产品——"考证打卡营"开始，分享自己的快速考证方法论。到后面，学员信任建立了，很多人报名她的刚需类产品——"考证过线陪跑营"。

在中国，每年考各类财会证书的人至少有几百万。2022 年注册会计师报名人数达 188 万余人，报名中级会计师职称考试的有 209 万人，税务师职业资格考试的报考人数达 89.8 万余人。只要她在这条道路上持续耕耘，她的考证陪跑如果每年能够服务 200 ～ 300 人，就可以实现几十万元甚至百万元的营收。

---

① MVP: minimum viable product，最小可行性产品。MVP 指使用尽量低的成本方式，达成用户的核心需求。MVP 一般在项目初期使用，使用较低的成本验证核心价值，确保方向正确，通过验证后再投入产品研发。

2. 如何评估客户付费潜力

关于客户会付多少钱学习，你可以从两个方面思考，即正向思考和逆向思考。

（1）正向思考。你可以看这类客户为了解决这些问题，采取过什么方案，目前的投资是怎样的。你也可以参考市场上一些针对这个群体的同类型的课程或产品的收费是怎样的，以评估这个人群的付费潜力。

（2）逆向思考。如果客户没有解决这个问题，你可以先预测他们可能面临的机会成本或者损失有多少，再推算出你的收费区间。

比如，有个做股权激励的老师认为：如果一家公司缺乏有效的股权架构设计，那么老板可能会面临许多风险，导致公司散伙、分道扬镳的局面；如果老板只要付小部分费用就可以解决这些问题，那么他们大概率是会付费的。

3. 评估定位的可持续性，做长期主义者

你要做的定位是不是一个长期存在的需求？你在这一点上持续积累，它是不是可以持续获得复利？

比如我选择经验萃取，发现这个业务是一个长期存在的需求。因为永远有人在产生经验，而隐性的经验只有通过萃取才能得以呈现，这是一个可以长期发展的赛道。对于企业来说，只要企业在持续地经营，就一定需要做经验的沉淀、人才的复制，才能实现企业的快速发展。

所以，你只需要分析这个定位是不是一个长期存在的需求：如果是，在一个赛道上长期耕耘，是能够产生极大的复利效应的。知识创业中有长期需求的赛道主要有变美、变富、变健康，比如个人成长、商业变现、理财、形象美学、家庭教育、健康管理、心理咨询等领域。

也许你刚开始做知识创业并不出众，但是只要在一个垂直领域长期坚持下去，你就会领先该领域80%的人。就像我自己刚开始并不是知识创业

领域的专家，但是做了 10 年以后，随着我的实践案例的增多、客户的不断累积，我就会成为这方面的专家。

另外，做知识 IP 最忌讳的就是经常变换赛道。这样会影响个人的成长和知识积累，客户群也不容易产生持续性，很难让人对你产生信任感。

第5节
设计亮点标签，
让客户一眼记住你

你在想清楚自己的定位之后，就要开始设计一个属于自己的定位标签。有了标签，相当于有一张属于自己的 IP 名片。这是成为一名独立的知识工作者所必需的，未来将会写在你的个人简介上，并且通过持续地曝光宣传，牢牢植入用户心智。

我刚离开企业的时候不知道自己能做什么。当被人问到你是做什么职业的时候，我甚至回答不出来。是啊，在平台的时候，你是 ×× 总、×× 经理，离开平台的时候，你是谁呢？没有平台的光环后我们需要找到自己的身份定位。

1. 定位标签的撰写公式

该怎样给自己写一个亮眼的标签呢？其实很简单，标签就是：你在什么细分领域，帮助什么人，解决什么问题等。公式如下：

标签公式 = 细分领域 + 解决问题 / 预期结果 + 头衔

标签示例：IP 高端私教、CEO 演讲教练、品牌 logo 设计顾问、小红书变现导师我们在做经验盘点时，会仔细挖掘、论证学员特别擅长解决什么问题，他的独特亮点或优势是什么，然后用准确的概念定义这个亮点，加上一个头衔，就完成了对标签的提炼。

比如，我有个学员何老师，她是一位非常优秀的企业高管，堪称职场的常青树。她在一家公司稳定地工作了近十年，支持过六任领导，自己的职位也得到了三连升。我帮助她做经验盘点时，发现她列了很多高光时刻，一半以上是和她处理职场复杂关系和进行高难度沟通有关。我发现不管多么复杂的沟通难题，包括多头领导、辞退员工、升职加薪等难题，在她手里总能轻松化解，而且和别人达成双赢结果。她也经常帮助别人解决这方面的难题，都取得了非常好的效果。

我对她说：你非常喜欢和擅长帮助他人做职场沟通，这是你的天赋和优势，而且你有很多成功案例。职场沟通的难题确实困扰了很多职场人，让他们无法和自己的领导、团队成功地建立关系，导致只能在恶劣的关系中僵持下去或者个人索性一走了之。你的经验应该可以帮助到很多人。

何老师也非常高兴，她觉得这个亮点完全在她的意料之外，她重新发现了自己，找到自身的独特优势，对此极为认可。我们一起设计了一个定位标签——职场人际关系教练。

做 IP，标签一定要一目了然，让人一眼就看懂你在做什么，才有机会让别人记住你。对自己来说，有了标签也是一种提醒，提醒自己要专注——专注自己的使命和目标。

2. 给自己的标签做信任背书

当你的标签写好之后，如何让人相信你有这项能力？你要设计一张自己的名片。

一般来说，你可以列出三个和标签相关的头衔，三个和标签相关的成功事件。

头衔可以包括：工作的头衔，取得的证书，能够为标签做背书的职位、称号等，这些都可以供你借力借势。

成功事件包括：你做过的和这个标签相关的最佳经历、累计服务人数、学员取得的优秀成果等。

罗列好之后你可以设计一张自己的名片来体现这些成果，如图 2-5 和图 2-6 所示。

Linda 老师

迪普凯琳家庭教育创始人
国际 NLP 专业执行师
1 万 + 孩子成长导师
10 年 + 智慧父母成长教练
30 年 + 教培自主创业 & 亲子教育经验

学员成就

助力英语 30 分的孩子 20 天达到 115 分（满分 120）
帮助年排 700 多名的高中生一个月达到年级 29 名
帮助成绩中等的孩子圆梦哈佛大学

图 2-5　个人简介示例 1

罗依芬
高端 IP 萃取导师
创课工坊创始人
国际职业经验萃取师培训基地负责人
千万级知识产品经理

萃取成就
经验萃取 6 套版权课作者
平安、阿里特聘经验萃取专家顾问
帮助学员萃取 1000+ 原创知识产权作品
IP 学员产品累计创收 1000 万元 +

图 2-6　个人简介示例 2

那么标签和简介可以用在什么地方呢？

（1）微信名称。一般来说微信名称可以用自己的标签，这样便于朋友第一眼就知道你是做什么的。每次你的出现、发言，都是对你的个人品牌曝光。

（2）个人简介。你一定要写一段有吸引力的个人简介。每次加到新好友或者去新社群要做个自我介绍，让别人都能够主动链接你。

（3）视频号简介。视频号的首页是用来写个人简介的，一般要写清楚你是谁、做什么的、为什么要关注你。

（4）公众号简介。客户关注你的公众号以后，会弹出一份你的自我介绍，供对方参考。

3. 基于标签构建的三大体系

有了标签，有了简介，只能说你的 IP 有了信任背书。但是，还有名无实。实是什么呢？如图 2-7 所示，每个专业型的知识 IP 需要由三个部分构成：知识体系、产品体系和营销体系。

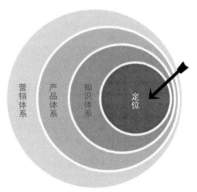

图 2-7　知识 IP 三大体系

（1）知识体系。围绕这个定位，你有什么知识体系可以帮助别人解决问题？比如何老师，我帮助她沉淀出一套知识体系，梳理在各个复杂场景中的人际关系解决方案。你可以萃取自己的经验，也可以萃取别人的经验。但是当你形成了一套知识体系时，你已经足以应对各类挑战性场景（第 3 章会系统教你如何萃取知识体系，以及运用萃取金字塔模型萃取他人和经典课程中的经验）。

（2）产品体系。有了知识体系的支撑，你就可以轻松地做咨询、讲课、设计训练营等知识产品，轻松地实现知识创业（在第 4 章我将和你分享如何构建一套产品体系，打造高价值的知识产品）。

（3）营销体系。有了自己的定位标签，一切对外输出就有了一个锚点，你的营销体系，包括海报、直播、短视频、文章、朋友圈等，都可以围绕这个中心点展开（第 5 章、第 6 章的内容会教你如何用萃取思维打造自己的高势能营销体系）。

本章思维导图

重视经验
小众经验
价值百万元

担心经验没有价值　　破圈　　验证经验的价值

1.经验脱离公司失去用途　　　1.参加培训或高质量的社群

2.所在的领域非常小众　　　　2.聆听需求，联系自己的能力

3.市场已经有优秀的前辈　　　3.需求和能力对上，产生机会

4.我只是寂寂无闻的个体　　　4.把能力复制出去，营收倍增

经验盘点
发现自身核心优势

1.回顾高光时刻

A　B　C
成　成　成
就　就　就
××年　××年　××年

2.分享高光时刻

喜欢　擅长　市场

展开、发散

3.筛选经验主题

喜欢　擅长
市场

收敛、聚焦

定位选择
找到最适合的赛道

使命确认

十分热爱　发挥价值

我们最需要的事情　　最需要我们的事情

WANGT模型

W　will: 你想帮助这个人群的意愿有多强？

A　ability: 你有能力帮助对方解决问题吗？

N　need: 这个人群对你的经验需求强烈吗？

G　gratification:做完后你的内心满足感有多强？

T　target: 你能够帮助到的人群多吗？

定位估值
做坚定的
长期主义者

市场潜力 ＝ 付费客户人数 × 付费价格 × 可持续性

评估

个人创业项目的价值

潜在目标人群
有需求人群
付费客户

参考同类课程　正向思考　逆向思考　客户机会成本

变美
变富
变健康

亮点标签
让客户一眼记住你

罗依芬
高端IP萃取导师

创课工坊创始人
国际职业经验萃取师培训基地负责人
千万级知识产品经理

萃取成就
经验萃取6套版权课作者
平安、阿里特聘经验萃取专家顾问
帮助学员萃取1000+原创知识产权作品
IP学员产品累计创收1000万元+

细分领域+解决问题+头衔 ── 标签

三个头衔

为标签背书

三个成功事件

➤ 本章小结与行动指南 ◄

1. 你生命中有哪些事情让你非常投入去做，现在回想起来都感觉自己闪闪发光？

_____

_____

_____

2. 你最乐意和朋友分享你的哪些成就事件？你最愿意在哪些事情上乐此不疲地投入？

_____

_____

_____

🕐 行动指南：发现你的独特价值

你可以约一位朋友一起做经验盘点的练习。

1. 给自己留出 30 分钟的安静时光。

2. 用一张 A4 纸记录自己过去 10 ～ 20 年的高光时刻。

3. 互相分享你们生命中的高光时刻。

4. 用经验盘点的方法，去发现和探索自己的生命中最有能量的事情。

5. 给对方反馈，什么是你真正热爱、擅长的事情？你的哪些能力最被人需要、最有市场价值？

如果你一时找不到合适的朋友做练习，可以先自己完成，或者扫码获得专业萃取师的帮助。

第3章

经验萃取，
沉淀硬核知识资产

对于知识工作者来说，在专业领域沉淀知识体系，就是在构建自己的核心竞争力。知识体系是一个知识工作者的核心知识资产，可以给自己带来无限的复利回报。

第**1**节

为什么经验很多，
却说不出来

很多人有这样的困惑：我有几十年的工作经验，我经历过很多事情，但是你要问我这事是怎么做的，让我梳理出一套条理清晰的知识体系，好像一下子也很难说得出来。这是为什么呢？

1. 经验难以输出的原因

第一，缺乏反思的习惯。很多时候我们忙于做各种事情，被 KPI 追着跑，很多事情做完就放下了，没有仔细想过到底哪些行为是有效的，哪里是有问题的，导致脑海里只留下一些碎片化的记忆，这样就难以有效地进行结构化输出，更难以系统性地教授给他人。

第二，缺少反思的方法。因为大脑的工作区容量其实是非常有限的。你回忆一下，上中学的时候你做一道数学题，如果没有对题目进行反复思考和研究，如写草稿、画算式，而是让你直接在大脑中运算复杂的解题过程，你是不是感觉非常困难？因为大脑的工作区只能处理非常有限的信息。

所以，如果你没有以书面的方式系统地记录、梳理你大脑中对于一件事的完整过程，并且去回顾、分析、找到关键行为，那么大脑很难自己组织这个思考过程。我们需要借助思维导图或者板书、word 文档等形式，进行记录和输出。

在输出的过程中，大脑中有好多内容可以输出，进行分析：这些做法到底对还是不对？哪些地方可以优化和完善？我们才便于抽离出来观察过去的经验，沉淀有效的方法论。

相反，如果没有做过这样的系统化输出和整理，那么你很可能产生三种结果：

（1）遗忘。经验是储存在大脑中的，如果没有将其及时地整理输出，大脑很容易就翻篇过去了。如果没有对经验及时完整地回顾、记录，大脑很容易只留下一些碎片化的记忆。

（2）不深刻。经验中的有效做法如果缺乏提纯的过程，就很难说得清楚是哪个部分在起作用，做事便难以取得稳定的成功。

（3）缺乏纠正机会。没有一次经验是完美的，如果没有经过回顾反思，人就很难在原有的基础上迭代精进。

除此之外，若没有反思和输出的过程，虽然你的事情做得有结果，别人却不了解你有这方面的能力，可能就会错失很多机会。

2. 如何做价值输出

德鲁克在他的书中分享了他 19 岁时的一个故事。当时他在一家公司实习，事情做得很好，但他从来也不说是他做的，也从来不跟别人分享他是如何取得成功的。所以老板很少关注到他，涨薪的时候也没有给他期望的薪资。年轻的德鲁克特别失望。后来他理解了，为什么老板没有关注到他的默默努力。

他说，老板是非常忙碌的，在大多数情况下不会特别关注一位实习生的表现。这时候你自己要有意去展示自己的能力和价值，让老板看到你的实力，而不是一直等着被别人发现。

德鲁克说，一位知识工作者，努力是基本功，但仅仅努力取得结果是不够的，更重要的是，你有没有让那些重要的人看到你的能力，这才决定了你在职场发展的速度和高度。

而对于做个人品牌的人来讲，输出是一项基本功。

我认为个人品牌的关键要素包括个人魅力和专业能力。个人魅力包括动机、个性、品质、价值观、能量值、影响力等。专业能力包括在某个领域的专业洞察、独到见解、解决方案、成功案例、客户好评等。

那么怎么打造个人品牌呢？个人品牌其实就是一个标签加上围绕标签之下的价值输出，而且是持续的、高质量的输出，不断印证你的标签。有能力的人很多，但是能通过持续分享积累粉丝的人不多。因为要积累粉丝，得有办法让别人对你产生信任和认同。

那如何做价值输出呢？价值输出的两个基本手段就是能说加会写，如图 3-1 所示。

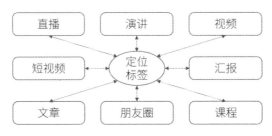

图 3-1　知识 IP 价值输出图

职场中有各种会议、经验分享、工作汇报、商务演讲，只要会说会表达，你就会赢得更多机会。做知识 IP 的人，做直播、录短视频、讲课程是知识 IP 的标配，都要靠讲述。除了说，要发朋友圈、写文章、写报告、写总结、写课件，都要靠写。你的输出水平几乎等于你的变现水平。

所以，打造个人品牌，能说会写是基本功，归根结底是反思和输出的能力。反思的深度决定输出的质量，输出的能力又决定了商业影响力。

所以，反思和输出是个人成长、秀出能力和打造个人品牌的必备能力。反思和输出的过程，就是经验萃取的核心。

3. 经验萃取的底层逻辑——学习圈理论与因果律

大卫·库伯在总结约翰·杜威、库尔特勒温和皮亚杰经验学习模式的基础之上提出自己的经验学习模式，即经验学习圈理论（experiential learning circle），如图 3-2 所示。

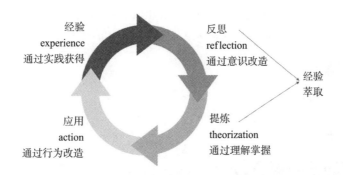

图 3-2　库伯经验学习圈理论

他认为经验学习过程是由四个适应性学习阶段构成的环形结构，包括经验、反思、提炼和应用。通过实践获得具体经验后，学习者在停下的时候对已经历的体验加以思考，并且把经验抽象提炼成为合乎逻辑的理论；到了主动实践阶段，学习者要验证这些理论并将它们运用到制定策略、解决问题之中去。①

库伯说，知识源于对经验的升华和理论化。对实践进行反思提炼，形成方法论的过程，就是经验萃取。如果没有反思的过程，一个人就很难从自己的经验中抽象分离出一套可复制的方法论，用于指导实践。很多人工作多年，为什么工作水平还是原地踏步，最重要的原因是缺乏对自己的实践进行反思性观察和总结提炼。

所以，经验萃取就是通过正确归因，提炼出有效的方法论，并且在实践应用中进一步检验理论的有效性。

大数据之父维克托·迈尔舍恩伯格在《框架思维》一书中提出了一个非常重要的启示：人类依靠心智模型②进行思考和行动。人类具有抽象思维，能够把因果推论转化为框架。这些心智模型成为可供反复利用的模板，帮助人们从因果关系的视角看待世界。学会因果框架可大大节约时间，对于需要快速做出决定的情形更是如此。

---

① 内容来源于 MBA 智库百科关于"库伯的学习圈理论"解释。
② 心智模型：也叫心智模式，是简化的知识结构认识表征，人们常用它来理解周围世界以及与周围世界进行互动（Gentner&Stevens，1983；Johns-Laird，1983）。

经验萃取的本质就是提炼关键行为和成功结果的因果关系。只有做到正确归因，我们才能有更大的机会在未来复制成功。

第2节

知识体系，
构建你的核心竞争力

对于知识工作者来说，知识体系是核心竞争力。对于35岁以上的人来说，要在自己的专长领域里形成一套知识体系非常重要，这会给自己带来强大的自信和底气。

1. 案例：知识资产是职场生存的硬实力

有一位同学曾和我说，萃取对她有心理疗愈的作用，这让我非常意外。她是一位40岁左右的财务经理，陪伴一家初创公司成长到过亿元。后来公司来了一位外企高管，常以挑剔的眼光看他们，认为他们的管理水平非常低下，因此她在工作中经常被领导批评，心中有说不出的委屈。

第一次她和我沟通的时候，整个人情绪非常不好，几乎快哭出来。她说，现在这个年纪跳槽感觉不自信，不知道能不能找到比这更合适的工作，可是如果不走，又很憋屈。

我听完深吸一口气，说："我非常同情你的遭遇。你现在最大的问题是，你被领导打击到自尊心了。萃取可以帮你找到你自己身上的亮点和优势。"其实当时我也不确定，做完经验萃取能够给她目前的状态有什么帮助。

我发现她在做高科技企业财政补贴方面非常有心得，她帮助公司创造了500多万元的补贴收入。我说："你的这项能力和优势应该好好沉淀下来，未来这就是你的一个非常重要的独特优势。你拿着这套方法论帮助别的公司做，或者做兼职，都是很有竞争力的。"

然后，我带着她梳理、沉淀自己的一套方法论。随着经验萃取成果的产出，她看到了自己的优势，也感觉自己越来越自信、笃定了，不再轻易地否定和怀疑自己。她说梳理知识体系的过程，让她觉得特别有成就感，而且她开始学着我们的萃取方法，把工作中的很多经验做了梳理和沉淀。

一段时间过后，她跟我反馈说，周围人都感受到她的变化了，说她变得积极阳光了，也不再因为老板和新领导的挑剔指责而轻易怀疑自己了。

这个案例给我很深的触动。我开始反思：我并不是做心理疗愈的，为什么能给她带来疗愈的作用呢？说实话，一开始我确实不得其解。

后来我想到了冰山模型①（见图3-3）。如果我用冰山模型总结，就能够看出，为什么经验萃取能够深刻地赋能予人。

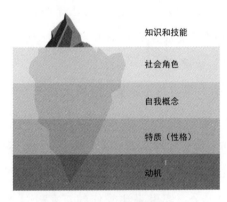

图 3-3　冰山模型

冰山之上，是知识和技能；冰山之下，是社会角色、自我概念、特质（性格）和动机。

（1）知识，指个人在某一特定领域拥有的事实型与经验型信息。

（2）技能，指结构化地运用知识完成某项具体工作的能力，即对某一特定领域所需技术与知识的掌握情况。

（3）社会角色，指一个人基于态度和价值观的行为方式与风格。

---

① 冰山模型：美国著名心理学家麦克利兰于 1973 年提出的一个著名模型，就是将人员个体素质的不同表现形式划分为表面的"冰山以上部分"和深藏的"冰山以下部分"。

（4）自我概念，指一个人的态度、价值观和自我印象。

（5）特质（性格），指个性、身体特征对环境和各种信息所表现出来的持续反应。特质和动机可以预测个人在长期无人监督下的工作状态。

（6）动机，指在一个特定领域的自然而持续的想法和偏好（如成就、亲和、影响力），它们将驱动、引导和决定一个人的外在行动。

做经验萃取，第一步是发现这个人的高光时刻，即从高光的成就事件中挖掘他的底层动力、价值感、个性、天赋，评估他的经验价值。在确定萃取主题后，再去挖掘他的知识和技能层面的内容。

以下是我为这位财务经理做经验萃取时的内容节选。

我：为什么你觉得做财政补贴申请这件事是你的一个高光时刻？

她：因为给公司带来了实实在在的税后利润。公司规模还小的时候，一年的利润也才100多万元。所以，这笔补贴相当于给公司创造了一年的利润。

我：为什么这件事你要去做呢？财政补贴申请很花时间，而且不是财务的核心工作。公司给你奖励吗？

她：作为财务，我知道有这个政策，公司又符合条件，我觉得如果不做，有点对不起我的财务工作责任感。申请下来后，公司也给了我和业务部门奖励。

我：那这件事做起来麻烦的点在哪里？为什么你能做下来呢？

她：申请提交材料的过程非常重要，马虎不得。有很多材料需要准备，而且需要业务部门的配合。我做事比较仔细、有耐心，我把材料仔细分类整理好，也会和业务部门的人员妥善沟通，取得他们的理解，尽可能降低他们的配合难度。

这段节选能够反映出她对做这件事的热情和能力。她非常热衷于能够为公司创造价值的事情，并且她的耐心和仔细、善于沟通和协调，也能够让一项复杂的任务有序地进行。

我：这件事一般财务人员会做吗？

她：他们一般不太会做，因为懂的人很少。一般财务也不愿意花心思研究政策。

我：你这份经验如果沉淀下来，对你未来再去申办这类政策补贴有帮助吗？无论你是不是还在这家公司。

她：有的，其实业务流程都是类似的，而且高新科技公司都适用这些政策。我觉得如果把这些经验沉淀下来，未来也是能够复用的。

然后，我就围绕具体怎么做的经验进行结构化提炼，萃取出"如何做好政策补贴申报"的一套方法论。其中，既有政策法规的收集和解读分析，也有做好资料整理和申请过审的关键技巧和避坑建议。

萃取之后，她形成了一个新的自我形象（见表 3-1）。

表 3-1　萃取前后冰山模型对比图

冰 山 层 级	之前	之后
知　　识	模糊	我知道申请政策补贴的相关要求
技　　能	模糊	有一套清晰的政策申请补贴 SOP，可以轻松复制
自 我 概 念	觉得自己工作能力不行，工作没有亮点，领导看不上，可能面临职业危机	觉得自己工作能力还是很优秀的，做了很多财务做不了的事情。领导说的不是真正的我。我离开了这家公司，依然有自己的职业竞争力
个　　性	不知道自己有什么好的品质	知道自己可以为了公司付出很多心力，是一个有责任感、细心、专业、沟通协调能力强的人
动　　机	不清楚	希望尽自己的能力为公司创造价值

萃取之前，她的知识和技能是模糊的；她的自我形象也是别人给的，所以她对自己充满了怀疑；她也不知道自己的个性特征和做事的动机。

在萃取过程中，她看见了自己做事的底层动机。她的个性特征帮助她做成这件事，建立了全新的自我意识和形象，把底层的自信系统进一步做实了。同时，她还产出了一套非常实用的知识技能，未来可以复制。

这就相当于在冰山模型中走了一个深 V 变化（见图 3-4），即从一个高光时刻往下不断深挖，然后发现自己的底层动力、识别自己的个性特征、重塑自我形象，输出可视化的知识技能。在一次萃取过程中，她找到了自己的独特价值，梳理了一套知识资产，并且更新了自我认知。

很多职场人工作多年，却对自己的职业前景感到焦虑、迷茫，不知道自己离开职场后还能做什么事养活自己，其中最主要的原因是——不清晰自己的核心优势，没有自己的知识沉淀。

对于知识工作者来说，对知识资产的沉淀会让人心里有一种强烈的笃定感和踏实感，知道自己的核心能力是什么，知道自己这个能力是可迁移、可复制的，就会大幅减少自身的焦虑感，显著提升自信水

图 3-4　冰山模型"V"型变化

平。如果你觉得自己感到迷茫、找不到自己的亮点，那么你一定要好好萃取自己的经验。

孟子说："民之为道也，有恒产者有恒心。"在这个变幻莫测的时代，无论是在物质还是心态上，人们都需要一份稳定和可靠的"知识资产"，来支撑一种更为长久和真实的内心富足。这样，才能在面对挑战和机遇时，拥有更为坚定和迅速的应对能力。

接下来让我们一起看看，拥有知识体系的知识 IP 如何活出 10^n 倍速的成长。

2. 知识体系是知识 IP 的复利魔法

做知识 IP，有的人能做到百万元、千万元的收益，而有的人只能做到几百元、几千元的收益，这是为什么呢？

大家付出同样的辛苦，结果却如此不同。

总结下来，最重要的其实就是一条规律：

$$10+10+10=30 \ \text{vs} \ 10 \times 10 \times 10=1000$$

同样都是 3 个 10，一个结果是 30，另一个结果则是 1000，二者差了 33 倍。

如果能够找到"+"和"×"的差别，我们就可以掌握规模化知识变现的本质规律。

徐扬原先是一位互联网大厂的商业操盘手，曾经把业务从1000万元做到10亿元。但是，她在离开职场后很长时间内没有找到自己的核心优势，做过心理咨询、养老院的商业顾问，还做过读书会和创业者咨询。虽然每天她的咨询时间排得很满，营收却很有限。

她听过我的分享以后，立刻与我联系。通过经验萃取，我帮助她找到了在成交方面的独特优势，萃取出了第一个方法论——爆品成交的启明星系统。通过这个方法论，我帮助她做了一个单价比过去高100倍的万元课程，此课程第一次发售就实现了突破，远超她过去一个月的营收，她通过萃取实现了营收的指数级增长。

从原来的一次次做咨询，到成功售出高单价产品，她形成了一套自己的系统方法论和体系。她从原来做单点咨询，到形成了体系化的交付方案，不仅自身能力得到了提升，而且有效地帮助了客户，极大提高了产品的价值，并得到了客户的认可。

尝过知识体系的甜头之后，徐扬不断迭代出新的成交方法论。

在交付过程中，她和团队一边交付，一边萃取出"内围成交"的方法论：10天准备，3天成交，只要按照工具照做，就能够把课卖出去。也就是说，只留下创业者要做的成交必要动作，把一切不能直接产生结果的动作去掉，只留下最重要的内容，以极致简洁的工具，让其他人也能做到。

她说，过去我一个小时一个小时做咨询，我很累，学员也觉得很累。现在通过萃取，大大降低了创业者的咨询成本，用她的方法论，学员直接照着做填空题就能出结果。而且每一个步骤、每一个工具，都不是从网上抄来的，都是从自己的经验中萃取出来的，因为是自己原创的、亲力亲为的方法论，所以用起来特别顺手、特别有效。因为有知识体系的沉淀，她指导学员的成功率大大提升。一位做家庭教育的学员也快速复制了她的高客单成交能力。

发现了知识复利的强大威力，徐扬又升级了她的"场景化成交"方法论，在创业者圈内越来越有知名度，一些知名的企业家自媒体也邀请她作咨询顾问。

从一个过去习惯拿线性工资的职场人，到成为有客户愿意直接付高价、只为了想复制自己经验的创业者，萃取让徐扬开启了人生 10^n 倍成长的加速器。

硅谷知名投资人纳瓦尔在他的著作《纳瓦尔宝典》中提出一个观点：优秀的人要善于利用杠杆和复利，批量化地复制自己的能力，才能实现收入的复利性增长。而萃取，就是撬动复利金矿石的一根重要的杠杆。

第3节

利用萃取金字塔，
构建原创知识体系

看过知识体系的强大威力以后，你是不是也想沉淀自己的原创方法论？

那么应该怎么把自己的经验变成知识体系？不少人感觉梳理自己的经验很困难，脑子里充斥关于这件事的细节、碎片化的记忆，就是很难拼成一个整体。他们也不知道应该借助什么方法进行梳理，感觉脑子里有很多东西，就是倒不出来。有时候感觉也写了不少东西，整理了很多文档资料，但是又感觉深度不够。

1. 知识体系和方法论

知识体系概念这几年挺热的，我曾经看过网上很多人对知识体系的表述，都特别抽象，感觉看完了也不知道该怎么做。

很多人认为知识体系就是知识管理，建一堆文件夹，把平时的读书心得、资料文档、金句故事等进行分类储存。

实际上这些都是对知识体系的误解。我认为知识体系不是一个空泛的概念，而是用来解决具体问题的工具。我定义的知识体系是围绕特定问题而形成的一个系统认知和方法论的集合。

系统认知包括 what（是什么）、why（为什么）。what 是对事物本质的认识，即这个事物的本质是什么，能不能用清晰的概念定义它。why 是事物的底层逻辑、独特洞见、核心理念。

方法论是关于 how（怎么做）的层面，包括解决一个具体问题的方法、步骤、工具、模型。所以说，知识体系是包含方法论的。

除此之外，知识体系还包括大量案例。用这套知识体系解决具体问题得到的成功案例、形成的案例库，也是构成知识体系的一部分。知识体系的具体构成如图 3-5 所示。

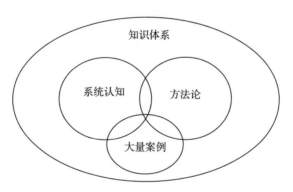

图 3-5　知识体系构成图

绝大多数人不是做科研工作的，不需要创造类似经典物理学定律 $E=mc^2$、数学公式勾股定理等学科类的知识体系，只要能够把自己独特优势中的经验梳理出一套可复制的知识体系，就已经很有价值了。

2. 萃取金字塔模型

库伯说，知识源自对经验的升华和理论化。所以，做知识体系萃取，就是从具象的实践案例中抽象出系统认知和方法论的过程。当我们了解了知识体系的构成，就可以对自己的经验进行萃取，产出自己原创的知识体系。

图3-6所示是我原创的萃取金字塔模型，包括五个要素：名、道、法、术、器。

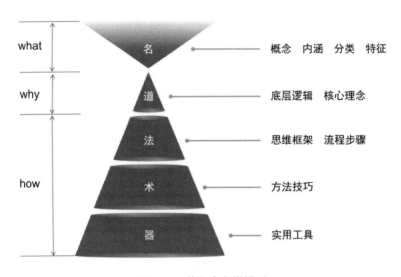

图3-6　萃取金字塔模型

名，对应what，在研究一件事物之前，要对事物进行一个准确的定义，比如现在要说的这件事情是指什么。如果无法清晰地定义一个事物，就无法准确地界定其内涵和边界。

道，对应why，在事物层面是普遍规律、学科原理，在个人层面就是做事的核心理念和价值观。

法、术、器，对应how，下面一一做拆解。

法，是基于道制定的，是解决问题的框架策略、原理原则，属于整体框架的部分。

术，是在法的指导下的应用方法，包括具体的操作步骤、方法技巧、难点应对以及检验标准等，属于执行细节的部分。

器，是在具体实施过程中可以用来提升效率的工具，通常包括清单、表格、话术、模板、范例、流程图等。

运用这个金字塔模型你不但可以萃取自己的经验，还可以用于萃取他人的经验，甚至萃取经典书课中的经验，从而快速提升自己的认知。只要你掌握了萃取的能力，就掌握了一套强大的输入和输出系统，随时随地可以萃取，万物皆可萃取，你会发现这世界简直向你敞开了智慧的大门。

3. 知识体系萃取流程

知识体系萃取一共需要四个步骤，如图 3-7 所示。

图 3-7　知识体系萃取流程

第一步，定位萃取主题。你挖掘出了自己的独特优势后，就基本上确定了要萃取的主题方向。

主题示例：

"如何通过差异化增长策略帮助中小企业快速扭亏为盈。"

"如何激发用户转介绍实现裂变式增长的方法论。"

"如何通过高情商化解职场复杂人际关系。"

但是，萃取这个方法论给谁用？解决什么问题？能达到什么目标？如果没有搞清楚这些问题，就会导致萃取的时候内容输出不聚焦，没有方向，越写越多。

所以，定位主题非常重要。界定自己的萃取主题，包括：你要解决的问题本质是什么，对象是谁，解决的问题是什么，能够实现什么目标，具体如图 3-8 所示。清晰的萃取定位还有助于检核萃取内容的有效性及是否做到了正确归因。

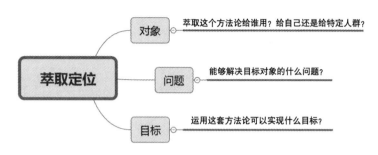

图 3-8　萃取定位思维框架

第二步，搭建知识框架。通常可以按照流程、问题和要素三种方式搭建方法论的框架。有了框架，就有了整体的结构，就知道怎么把内容放在正确的位置上。框架有三种类型，包括流程型、问题场景型和要素型。

比如，"如何通过差异化增长策略帮助中小企业快速扭亏为盈"，这是一整套的解决方案，比较适合用流程型框架，流程是递进的结构，如图3-9所示。

图 3-9　流程型框架

"如何用卓越服务裂变高端客户"，对此要从几个方面激发客户的转介绍动力，需要用到要素型框架。要素是并列型的结构，如图3-10所示。

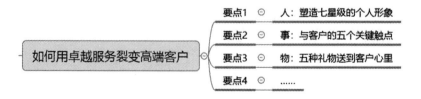

图 3-10　并列型框架

"如何通过高情商沟通解决职场复杂人际关系难题"，此主题涉及很多个场景，需要用到场景型框架。场景是并列的结构，如图 3-11 所示。

图 3-11　场景型框架

第三步，深挖细节经验。细节是决定经验能否复制成功的关键因素。细节包括具体的操作步骤、方法技巧、难点应对以及检验标准等，属于执行细节的部分。细节可以用表单整理，这样便于对一个具体的经验进行详细拆解，不容易遗漏，如表 3-2 所示。

表 3-2　细节萃取表

步骤／场景／要素	关键行为	原因理由	常见难点	应对方法	核心工具	检验标准
例：步骤 1	表述具体行为	为什么要这么做	常会见到什么难题	如何应对	可以用到哪些工具	做好步骤的标准是什么
步骤 2						
步骤 3						
……						

第四步，构建知识模型。在框架和细节的基础上，提炼出属于自己的原创知识模型，最终建成自己的知识体系——名道法术器。

知识模型是一个高度精练的概括，它把实现结果的关键动作精炼到一个模型图里，用一张图说清楚你的方法论。提炼出一个经典的知识模型，你可以写一本书、做一门版权课，并且能够申请自己原创的知识产权。

比如对一本讲述经验萃取的书，我总结出了知识创业三部曲，其萃取金字塔模型如图 3-12 所示。

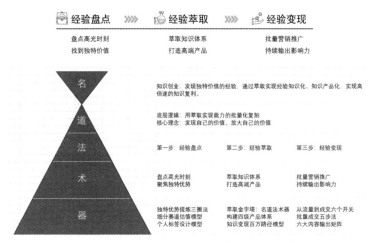

图 3-12　知识创业三部曲及萃取金字塔模型

4. 知识体系萃取示例

知识体系的萃取过程比较复杂，需要围绕一个特定的主题进行深度研讨。

在萃取交付中，我们萃取的是学员身上非常具有独特优势的经验，当涉及的经验比较复杂时，颗粒度较大，需要经过4～5次智囊团的集体萃取，才能够完成。

我建议刚开始练习做萃取的人可以先从一件小事开始做萃取。如果你能把一个小任务萃取透彻，那你就能够萃取一个大任务。就像你能先讲好5分钟的课程，你才能讲好一天6小时的课程。学习萃取也是要循序渐进的。

下面以一个任务的知识体系萃取案例展示萃取的过程和结果。

我有一个坚持得比较好的习惯是早起：每天6点起床后，5分钟洗漱，5分钟静坐，20分钟锻炼，30分钟看书。我觉得每天早起，有空读书、写文章，思考一天之中最重要的事情，对我特别有帮助。所以，我以早起这件事做个示范，简述一下萃取一个小颗粒度的经验。

1）确定主题

当你没有主题的时候，脑子里的东西是一盘散沙。当你有一个确定的主题时，就可以围绕主题展开内容。主题就像一条主线，能把所有的细节穿在一起，使碎片化的内容形成一个整体。

所以经验萃取的第一件事是确定主题。经验是用来解决具体问题的，要明确你想萃取的是什么经验。

萃取的主题可以用"如何……""怎样……"命名。比如"怎样坚持早起 100 天""怎样高效做完一天的工作""如何做出一张吸金海报"等。

当界定了主题后，内容和边界就基本清楚了，你就不用漫无目的地想象，只要回答问题就行了。

我对"早起"这件事下了个定义：早起是指比平时起床时间早 1 个小时，从事对个人发展有益的项目。

很多人觉得早起一两天容易，持续早起很困难，每次起床都要进行激烈的心理斗争，最终变成"起床困难户"。那到底如何做到身心愉悦地早起呢？下面是我从"早起"这件小事中确定的萃取主题：

萃取主题：如何身心愉悦地早起 100 天，实现个人成长

为什么前面要加个定语"身心愉悦"呢？因为这是我的亮点。亮点是你这套方法论值得学习的关键点，如果让你非常痛苦地坚持早起 100 天，你肯定不会干，这样的方法论即使萃取了也没有人需要。

2）明确对象

主题确定以后，要想清楚：你希望把这个经验给谁用？是自己，还是他人？

如果是给别人用，要想想看对方是谁，人群特征是怎样的，他们为什么需要这个经验。下面是我明确的适用对象。

适用对象：对早起这件事，我想分享给我身边希望早起但是又做不到的人。

有些人不喜欢早起，也不认可早起的意义，那么他们就不是这套方法论的适用对象。

只有那些想要早起，从事一些对个人发展有益的项目，但是因为自己

的行动卡点导致一直有想法没行动的人，才是这个方法论的适用对象。

为什么想清楚这个点很重要呢？因为一套方法论有特定的帮助对象和适用场景，不能既要又要还要。碰到不合适的人，你强推你的这套方法论是没有效果的，反而容易怀疑自我。

3）问题场景

在解决这个问题时目标对象遇到了什么问题或挑战？你要尽可能描述具体的问题和挑战。

很多人每天无法让自己早睡，熬夜后第二天早上起不来；每次闹钟响了还要赖床，晚起后又自我批评，各种内耗，等等。这个问题的本质是什么？本质上，任何行为差距都是因为缺乏做某件事的意识或者方法技能。

如果用一句话界定清楚问题，通常我会这样描述：×××在做××事的过程中，因为缺乏做××事的意识/方法，导致××结果（行为差距）。下面是我对早起困难户的问题界定。

想早起发展自己的人，因为缺乏一套能让自己身心愉悦的早起方法，导致早起失败或者不能持续。

清楚地界定问题的本质是解决问题的第一步。

4）明确目标

明确目标是什么，目标对象用这套方法论就可以帮助自己达到某种效果。下面是我对早起一事明确的目标。

我希望萃取一套令人身心愉悦的早起的方法论，帮助想早起的朋友实现每天轻松早起，变得更加从容和自信。

为什么要明确萃取目标呢？因为当你的萃取有了一个明确的目标，你就能够围绕这个目标梳理解决方案，在构建解决方案的过程中不断围绕目标进行检视，如能否确认这些是关键行为，能否解决问题，能否带来目标结果。

以前我也是一个懒散的人，我发现自己看书、运动的时间特别少，报的课程也很少能认真地上完。有一段时间没有输入后，我就很难受，我觉得自己需要一个个人发展的时间段。我想：中午容易昏昏欲睡，晚上大脑又经过一天的工作，容易疲惫且精力不集中。一天中只有早晨是最好的时间段。

偶然我听了导师推荐的《早起的奇迹》这本书。我发现我跟作者也有同样的感受，他通过早起改变了人生，我为什么不能？我一下子也萌生了早起的愿望，第二天就开始早起了。在接连早起了 100 多天后，我的生活发生了很多不可思议的转变，比如：我的能量感非常好，身体状况也变得非常好；在半年之内，我有了很大成长，打造的个人品牌也小有成绩；等等。

5）解决方案

解决方案就是使用一套什么样的流程和步骤，采取哪些关键行为，可以有效解决这些问题，达到预定目标。解决方案的构建步骤是"先框架、后细节"。

（1）先框架：先搭建主体框架。我认为我能够做到身心愉悦地连续早起，最主要的原因有三个，即动机上我想早起，精力上我能做到，耐力上我能持续。

（2）后细节：基于每个要点 / 步骤展开细节。细节包括具体做法、原因、难点挑战、应对方法，以及每个步骤的检验标准。

比如关于坚持早起这件事，我总结了三个成功的关键要素：

第一，打开意愿开关，让自己动力满满。

具体做法：每天把自己最想干的事情安排在早晨。

① 冥想 5 分钟；

② 瑜伽拉伸 20 分钟；

③ 安静地读书 30 分钟。

这样安排，就一点儿也不想错过早起的时光了。

常见问题：很多人为什么早起困难？

因为他们没想清楚为什么要早起，没有动力。所以，解决方案就是要把自己最想干的事情放在早上做。千万别把最不想干的事情放在早上，否则你早起就会充满挣扎感。

检验标准：对早起充满期待。

第二，打开身体开关，让自己精力满满。

我发现如果睡眠不足，其实还是很影响早起的。因为人是有生物钟的，如果你打破了这个生物钟，身体也会出现异常。

① 23点前睡觉，保障睡眠充足。

② 醒来即下床，洗漱、喝水、静坐、冥想。

③ 中午12点半到14点午休。要让自己睡眠充足。

常见问题：我发现有些日子我起不来，是因为晚上工作太晚或者看手机导致睡觉太迟。所以我就设置了"10点半提醒休息"，并且把手机设置为"健康使用时"。

为了避免睡前刷手机，我一进房间就把手机放在桌上，人机分离让自己睡眠充足了，早起就会非常轻松。

检验标准：身体形成了生物钟，到点自动醒来。

第三，打开耐力开关，让自己激情满满。

① 找美图＋能量语，自我激励。

② 计数发朋友圈、发群，自我暗示。

因为发美图、美文，自己的心情状态也会更加积极。我每天看到这种积极的文字，自己就会产生能量，也愿意分享给别人。而且每天坚持发，就为自己营造了一个积极人设，自己也不想打破了。

常见问题：有些伙伴不好意思发群、发朋友圈，怕自己坚持不了，被人笑话。其实，没有人会在意你今天发没发，重要的是让自己看见自己的成长。

检验标准：早起洗漱后就发朋友圈，每天不间断地计数。

你看，关于早起这件小事，我通过框架＋细节的展开，是不是很容易讲得清晰易懂又干货十足？

所以，任何事情，只要你用心地去拆解，都能从中提炼出很多惊人的知识。你能拆解好一件小事，就可以在朋友圈发一条干货，讲一个两分钟的短视频，怎么还会缺少素材呢？

将经验萃取做到上面这个层次，我们还要去追问一下：这套方法论的底层逻辑是什么？整体知识体系是什么？

6）搭建知识体系

这时我们可以用萃取金字塔模型进行知识体系梳理，形成一套"早起"知识体系成果（见图 3-13）。

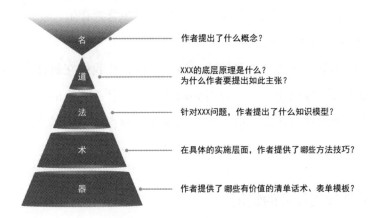

图 3-13　身心愉悦的早起方法论

我定义的早起是比平时早一个小时起床，从事对个人发展有益的项目，比如冥想、运动、阅读、写作等。

那么能够做到身心愉悦早起的"道"是什么？

道指客观规律，一件事能够成功是因为它符合规律。我觉得自己能够身心愉悦早起的最根本原因是，我在早起中尝到了巨大的甜头：

（1）冥想带给我身心协调的感受，让我的专注力提升。

（2）读书给我做产品带来特别大的启发，让我收获了很多新知识。

（3）运动让我提升了体能和精神状态，让我精神饱满。

所以，任何一件反人性的事，但凡让自己快速得到了正反馈，大脑分泌了多巴胺，那么你每天都想来一点，开始停不下来。

道：早起从事对身心有益的项目，大脑会分泌多巴胺，让人身心愉悦。

所谓"法"，就是顺应人性、顺应脑科学的做事方法，比如这三个早起开关，执行起来一点也不痛苦，因为早起能够给我带来很多正反馈，所以才让我很期待，很愿意投入去做。

我们把前面的三个关键点提炼成一个早起公式：

法：每日早起＝动力足＋体力够＋耐力久

这样一来，你是不是感觉知识点串联到了一起，简洁又好记了呢？

"术"就是三个早起开关的具体操作方法，前面已经阐释，不再赘述。

"器"就是配套的小工具、App 等，比如冥想背景音乐、瑜伽背景音乐，专注读书的番茄钟设置等。

从一件小事中提炼出"名道法术器"，可以让我们在每件小事中都得到修炼和成长，输出能力也可以得到锻炼。你有什么亮点的成就事件，也可以用这个逻辑进行经验萃取。当你的脑子里储存了越来越多有效的知识体系时，你会发现做很多事情既高效又轻松。

5. 成熟知识体系的特征

成熟的知识体系有如下几个要点。

（1）架构严谨：一个人经过长年累月的思考和实战反思，就形成了对某个事物的深刻理解。从"名道法术器"层面都有了自己的建构，既能升维思考，又能降维落地，既有抽象思考，又有具象案例，非常体系化。

（2）提取方便：成形的知识体系，一般经过书面化输出和整理，足够轻松调取，甚至容易脱口而出。就算现在没有课件，我也能脱稿讲 2～3 天的课程，因为关于经验萃取的知识体系已经深刻地印在我的脑海里，且经常调用、提取，所以我能做出快速反应。

（3）便于整合：在有知识体系以前，一个人对某个事物的认知是碎片化的，也难以形成对某个问题的稳定认知，看到别人的意见观点以后容易受影响。而构建了自己的知识体系，最大的好处就是你有了自己的主心骨，看到和你的知识体系有关的内容，可以进行有效关联，将其整合到自己的知识体系中来。

知识体系也不是一成不变的，随着阅历的增加、情境的变化，它可以随时进行调整和优化。我对萃取的认知就一再升级迭代。

6. 从知识体系到知识产品

曾记得我打过一个比方：知识体系相当于从经验的麦田里收割了麦谷，去皮研磨成面粉，这种去粗取精、由表及里的过程就是萃取知识体系的过程。有了知识体系，再做知识产品，就是一步之遥了。知识体系可以做成各类的知识产品。

（1）先有体系，再有产品。回顾徐女士的案例，她就是先有了 1.0 版的成交方法论，再打造出自己的 1.0 版的成交训练营，然后每次升级自己的成交方法论，就再次升级自己的知识产品。

相反，如果没有做好知识沉淀，你所掌握的东西就是一盘散沙，总感觉知道的很多，但是无从说起，不知道应该怎么把自己的经验说出来。所以，做知识 IP 之前最重要的准备，就是把自己的知识体系准备好。

（2）一套体系，多个产品。当你萃取了一个知识体系后，你就可以基于这套知识体系打造出多个知识产品。知识体系相当于树干，可以长出不同的树枝（分支体系），树枝上又可以结出不同的果子（知识产品）。

比如，我用一套萃取金字塔的知识体系，既可以萃取自己的经验，帮助学员萃取出私教产品，也可以萃取他人的经验，做出"萃取师"的产品，还可以写萃取类的书籍等，因为这些事情的底层逻辑是共通的。

第4节

萃取中的常见
难点和解决方案

萃取是一种需要深度反思和高度抽象的工作。在实践中，我发现很多问题会影响萃取的结果。

1.看不到自己经验的亮点

自己的视角往往是有局限性的。很多人自己觉得普通平凡的经验，好像没什么可说的；只有别人带着好奇心向他提问的时候，他才会意识到原来这个经验很有价值。

举个例子，有个学员有非常强的销售能力，她的卓越服务可以让客户快速产生好感，从而成为她的忠实客户，还不断给她转介绍新客户。

我就很好奇地问她："同样是销售，手上都有很多的高端客户，为什么别的销售的客户转介绍率没你高呢？你的做法有什么不一样呢？你能不能举个例子让我了解一下。"

她说，她有个客户刚认识没多久。她对这个客户并不了解，但是知道他的老家是湖北黄冈的。有一次她去湖北出差，给这个客户顺手买了一份他老家的特产，并且寄到他家。这个客户当时非常感动，因为疫情关系，他已经很多年没回老家了。后来客户很快就约她见面，跟她下了一个大订单。

我就问她："当时你做这件事的时候，心里是怎么想的？"

她说："我就是顺手的事。正好我去了湖北，又想起了他，就给他寄过去了。"

我说："你这份顺手的礼物，让客户感受到了被记住、被关心。你在所有销售中显得很不一样，你是没有功利心地关心客户。客户不在乎这份礼物价值有多高，是不是正宗的特产，但是你的这份真诚关心让他深深地记住你了。"

她一下就感觉被击中了，于是就打开了话匣子，滔滔不绝地讲起如何给客户赠送有专属感的礼物，虽然价值不高，但是把礼物送到了客户的心里！她过去这么多年的卓越服务，大都是"顺手"做的，竟蕴藏着有价值的经验，如果没有萃取师的提问和洞察，自己是难以察觉的。

2. 挖掘不到真正有价值的经验

有人尝试萃取自己的经验，但总是不得其法，也无法评估到萃取成果的质量。有些朋友经常发一些自己萃取的成果让我看。我发现，很多人虽然逻辑能力很强，但是由于缺乏对萃取本质的理解，没有真正萃取到点子上，容易写成流水账。

其实萃取的关键在于，围绕某个经验亮点，做正确归因。

我们要回答的是，这个经验亮点，是因为做对了什么。

所有的关键动作，都要和方法论的预期结果挂钩。如果动作不能带来预期结果，你就要去质疑，并且请被萃者解释每个动作的合理性。

举个例子，有一次我指导一名萃取师萃取一个优秀的零售门店培训经理的经验。通过经验盘点，我们发现她的独特价值是"助力门店业绩增长的培训项目设计"。能做培训的人很多，但是能够助力门店业绩增长的培训很少。

所以，萃取要围绕这个点来展开，要挖掘、提炼出一套助力门店业绩增长的培训项目设计方法论。一开始，萃取师提问偏向于流程性的问题，如你先做什么，然后做什么。

比如，第一步做培训计划，第二步做培训需求调研，第三步做优秀员工访谈，第四步做培训课程设计，第五步实施培训。细节的内容也都偏向于行政性的工作，如预定培训时间、统计培训人数、安排培训人员等。

我对萃取师说，你没有挖掘到她真正的亮点。

她的亮点是能够助力门店业绩增长。也就是说：她到底做了哪些事情，助力了门店的业绩增长呢？

于是，我带着萃取师重新开展一次萃取。这次萃取提问内容紧紧围绕萃取的目标——回答到底是做对了什么才有这个结果。当目标聚焦以后，提问就非常有深度了。

以下是我的提问清单：

（1）你觉得哪些动作做好了能够带来这样的结果？

（2）做这个动作的目的是什么？

（3）为什么能够达成这个效果？

（4）能不能解释你这个动作和结果之间的关系？

（5）这个动作不做可以吗？

（6）你如何检验做好了？

带着结果的视角去萃取，就比较容易挖掘到被萃取者的经验亮点。

3. 不知道如何验证经验的有效性

萃取结果到底对不对，有没有效果，如何验证呢？我一直在强调，萃取的本质是正确归因、复制成功。

错误归因，只会让我们得出一个错误的心智模式，从而导致失败。

生活中错误归因的例子比比皆是。很多父母觉得自己的孩子学习不好，常将其归因到孩子不够认真努力，于是不断批评责备孩子。但真正的原因可能是孩子没有找到学习的动力，或者是没有解决孩子学习能力的问题。父母在错误的方向上使劲，很难取得结果，往往导致事倍功半。

还有很多人错把平台当作自己的能力，一旦职业转型就会遇到比较大的挑战。因为他发现，过去成功的一些资源和条件是不可复制的。所以，职业转型之前一定要把自己过去的成功做一番清晰的反思：到底哪些是平台的实力，哪些是自己的实力？什么才是自己可迁移、可复制的能力？

那么，如何知道是否做到了正确归因？做到正确归因需要很强的逻辑思维，你要说明动作和结果之间的因果关系，并且解释清楚合理性。大数据之父——维克托·迈尔-舍恩伯格在其著作《框架思维》中强调：因果框架中的可解释性非常重要，当人类用因果关系进行解释论证的时候，他们对世界的认识也更加深刻和准确。

怎么验证能否复制成功？你需要把方法论在实践中予以验证，而且自己能够轻松复制成功；或者教给别人，让别人学习后能够独立完成，并取得预期结果，这时才说明你这套方法论是有效的。

比如，检验一个菜谱好坏的标准是：根据这个菜谱教的方法，我也能复刻成功一道美食。那么，检验萃取是否成功的标志，就是能否复制成功。如果一个新手拿着你的这套方法论也能够做出 70 分的结果（满分 100），那就说明你的方法论是有效的。

为什么是 70 分，因为熟练度、环境、资源条件的不同，会导致一些差异性。但是大致准确，就已经可以减少很多重复摸索的时间。

第5节

721 萃取体系，培养 IP 强大学习力

有学员曾问我："我做了几个月的知识 IP，输出一段时间以后感觉大脑有点被掏空了？怎样做，才可以拥有持续输出的能力呢？"

输入决定输出。想要有持续不断的输出能力，就需要大量输入，但是输入不一定只是听课看书。

根据人才发展的 721[1] 法则，成年人 70% 的学习来自自我实践和反思，20% 的学习来自同伴和向优秀的人学习，10% 的学习来自正式的学习。基于此，我提出了 721 萃取体系，即 70% 萃取自己的经验，20% 萃取别人的经验，10% 萃取经典书、课中的经验。

萃自己、萃他人、萃经典，统合起来的 721 萃取体系，构成了我现在

---

① 721 法则：全称 721 学习法则，是摩根、罗伯特和麦克三人在合著的《构筑生涯发展规划》中正式提出的理论。在员工个体能力的发展过程中，70% 的效果来自富有挑战性的工作实践；20% 的效果来自与榜样共事，以及别人给予的反馈和指导；10% 的效果来自正规培训和自学；等等。

的萃取方法论的整体（见图 3-14）。

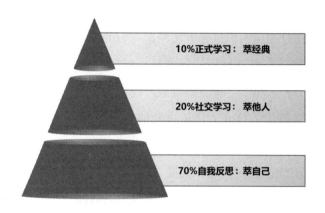

图 3-14　罗依芬 721 萃取体系

1. 70% 的学习，来自个人的实践和反思，即萃自己

很多人都有这样的困惑：我一直在学习，但是为什么进步不大呢？事实上，很多人所说的读书学习，是指听课、看书。看起来忙忙碌碌，但是缺乏自己的一套知识体系沉淀，学了很多的东西之后，又没有将其有效整合到自己的体系中，最终变成了杂家——什么都知道一点，但就是没有精通的领域。

实际上，真正成为一个领域的专家，需要通过大量的实践。没有一个高手仅仅通过看书和学习就能够成为专家。做事，是快速成长、有所成就的终极密码。每个人都需要通过大量做事，特别是做难事，来锻炼自己的能力，久而久之，才成为某个领域或者解决某个问题的高手。

如果仅仅做事却没有反思和输出，那也很难真正成为一个领域的专家。很多人看起来有十几年、二十几年的工作经验，但如果缺乏不断反思、精益求精的精神，在每次实践后都未能迭代出新的认知，那么无论他们再做多少遍，都只是低水平的重复。

《大学》里讲的"格物致知"，就是在日复一日的实践中，反复琢磨一件事，穷究事物的原理，最终形成对一件事物的系统性认知。系统性认知就包括我们前面说的"名道法术器"。

古往今来，很多杰出人物通过大量的实战总结经验，不但指导自己取得了重大的成功，也给后世留下了经典的作品。

周文王通过演算天地运行的规律，反复实践验证，最终写出了《易经》。兵圣孙武在总结了战争的方法论之后，写成了流传千年的经典著作《孙子兵法》。

蔡志忠是我特别喜欢的一位漫画家，他高中没有毕业就成为漫画家了。在他成为漫画家的过程中，大部分靠自己学习和反思，最终找到适合自己的漫画题材，形成自己独特的漫画风格。

在我研究萃取的过程中，由于没有太多先例可以借鉴，大部分是凭借自己的实践和反思，才形成了自己的一套萃取的方法论。

每个人都要重视在自己的实践经验中反思学习，萃取成功的经验、复盘失败的教训，先形成自己的知识体系，然后不足的地方再去跨界学习、对标学习，参加必要的课程和培训，查缺补漏，将其内化整合到自己的知识体系中。初学者要逐步积累，不要一上来就去报课、看书，学习别人的经验，那样特别容易迷失自己，也无法形成自己的原创知识资产。

期待你运用本章第 3 节系统阐述的萃取金字塔的方法论体系，萃取自己的经验。

2. 20% 的学习，来自他人的优秀经验，即萃他人

硅谷知名投资人苏世民在他的著作《我的经验与教训》中分享了一句话："要善于研究你生活中取得巨大成功的人和组织，他们能够提供关于如何在现实世界获得成功的免费教程，可以帮助你进行自我提升。"

但是名人并没有讲清楚，他是如何向别人学习到这些优秀经验的？他在向竞品、同行或者跨行业的标杆学习时，是怎么思考、如何分析，最终

学习到别人的优秀经验呢？

这些其实是没有人教的。但是，我相信实践出真知。我在自己的成长过程中，多次通过萃取优秀老师或者前辈的经验，实现了经验的快速变现，缩短了成长路径。

萃他人主要有两种方式，一种是观察法，另一种是访谈法。

先说观察法。

很多人说："为什么我感觉流量很少，该怎么引流呢？"

我后来研究我的商业母校，看它是怎么做流量的。它有专门的流量部负责人，流量部会策划各种各样的流量活动来做引流裂变。流量部还推出了伙伴圈的模式，给它推荐精准流量。除此之外，它还会经常邀请优秀学员连麦，推荐新流量。

具体的引流行动，它实际做的肯定比我看到的更多。但是对于我能看懂的部分，我来学习和应用不就可以了吗？我看懂了这个流量行动的模式后，也策划了几次流量行动，果然取得了不错的效果。

另一种更高效的方式是访谈法。

我在企业做经验萃取十多年，积累了一套非常高效的访谈萃取法。一般专家业务繁忙，你需要在两个小时内完成对某专家的一次案例访谈和成果输出。

访谈法即通过经验萃取对特定对象进行访谈，请教其如何看待某件事，或者解决某些问题。访谈过程可以用 3C 模型进行开展。

1）Connect（连接）

萃取之前先和对方打个招呼，做个情感连接，表示尊重和认可，比如说："××老师，您好，我觉得您做××事情，非常精彩，亮点十足。我现在在做一个××事情，遇到了一些××困难。我感觉您的经验应该能启发我。不知道能否有机会向您请教一下。"

得到对方的同意后，你可以准备你想了解的问题清单。如果是相对陌生的朋友，那么在请教之前你还需要做自我介绍，说清楚自己目前在做什么，遇到的问题是什么，为什么特别欣赏他，想要从和对方的交流中请教什么。

2）Communication（沟通）

在交流过程中，你可以按照自己的问题清单向对方提问和请教。你可以从三个层面请教对方。

（1）行为层：这个问题要解决的话，应该怎么做，可以分享下您的经验吗？我可以听听过去您是怎么解决这些问题的吗？（聆听并记录对方的一些关键做法。要还原他自己的真实做法，而不是应该怎么做）

（2）思维层：这样做，您背后的思考有哪些？您是希望达成什么效果？（聆听他的思维模式和目标）

（3）信念层：当时您内心的想法是什么？什么样的信念在支撑着您这样去做？（如果遇到一些冲突或选择，聆听对方的信念、价值观）

当对方讲解结束后，你可以分享自己的一些想法，并请教对方。

3）Check（检查）

向对方回顾、复述萃取出来的关键经验以及重要的反思点。在结束访谈之后，你最好能够画一张思维导图或者结构化图示，梳理清楚自己的思路，这也是对别人指导后的反馈。每个人都喜欢好学的、有感恩心的人。

我有个做财税咨询的学员，她刚开始创业时，因为遇到一个业务上的难题，请教了一位财税大咖前辈。请教过后，她就做了一张知识点逻辑图。结果前辈老师非常欣赏她的总结提炼能力，想收她为弟子，请她以后一起做项目，而且直接促成了一个近 10 万元的大单。

最后，记得感谢对方。如果对方向你提供了有价值的帮助，那你可以写个要点复盘，发一段真诚的感谢。对方也会觉得这个时间没有白花。

日常交往中的访谈萃取一般点到为止，可根据关系深浅、自己想了解的内容、对方谈论兴趣设计访谈问题清单，酌情把握访谈萃取的深度和边界。

做专业萃取访谈的萃取师一般需要经过系统方法论的学习和至少上百小时的实战训练，才能熟练驾驭对一个陌生客户的访谈萃取。

3. 10% 的学习，来自书籍和课程，即萃经典

这是我们从小到大的学习方式——看书、听课。但事实上，很多人不会真正地学习。

有不少人是囤书容易读书难。以读书为例，很多人在读书时有读不完、记不住、用不上的三个困惑。面对一本 10 万字的书，从头到尾地读，读的效率很低。读书笔记洋洋洒洒地做了，却又感觉记不清楚自己学习到了什么。学完也经常记不住，等到需要用的时候可能又遗忘了。

很多人无法跳出原来课程 / 书籍里的思维框架，把书课里的思想提取出来，将其整合到自己的思想体系里。那么，这些知识就很难融入你自己的思想，指导你的行动。如果你模仿并抄袭原书 / 原课的内容用来营利，还容易造成侵权。

我发现，用萃取金字塔的模型可以很快地解构一本好书或者一门经典好课。

1）如何快速萃取一本书的知识体系

别看我现在说得头头是道，我以前就是上面这样的人。我在研究了萃取以后，才发现用萃取的思维来读书，非常高效且特别立体。

无论是读书还是听课，都可以运用萃取金字塔模型（见图 3-15）进行萃取。

任何一个方法论，都有其"名道法术器"。你只要用这个模型去拆解，就能够看到书或课程的底层逻辑和整体知识结构。

你在回答这些问题的时候，就可以把作者的内容很清晰地转换为自己的思想。

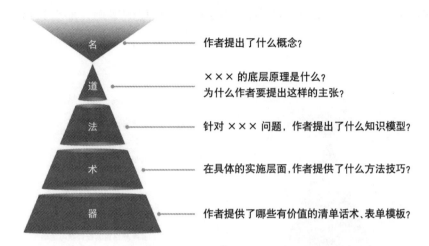

图 3-15　用萃取金字塔拆解书的知识体系

萃取完，一本书的知识体系架构就很清晰地呈现在纸上。运用这个方法后，我的读书效率变得非常高。一般经济管理类的图书，基本上只要 1～2 个小时就能够看完了。

为了验证这套方法论的普适性，我开设了一个线上的训练营，教大家如何运用萃经典方法快速阅读。我发现这种方法特别适用于拆解工具类图书。

2）如何萃取一门经典课程的知识体系

学会萃取书之后，发现其实萃取课程也是一样的道理。一门经典的课程中也一定有知识体系。我曾经把一门经典的《学习体验设计版权课程》通过萃取金字塔进行拆解（见图 3-16）。我发现把一门课程的元素拆解完了之后重新组装，加上我自己的案例和理解，就可以变成一门新的课程。

名是基本概念，比如什么叫作"学习体验设计"？这个在课程里没有专门论述过，你就可以自己重新定义。道，也就是学习体验设计的底层逻辑，是与学习有关的脑科学，是共通的。对其他部分，包括法、术、器，我根据自己的思考重新设计了模型，对学习活动进行重新设计，对知识点重新描述。最后，我用自己的案例替换了原课程里的案例，那么我重新设计的课程就变成了自己的原创课程，我还申请了国家版权局知识产权登记保护。

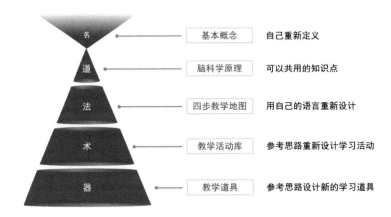

图 3-16　用萃取金字塔拆解课程的知识体系

知识产权的律师有句话：思想可以借鉴，知识不能抄袭。我们在课程中一定不要有大量和书课原文一模一样的内容出现，否则就是侵权了。

做知识 IP 就意味着终生学习。一旦你学会了从经典的书课中去获取知识的能力，那么对你来说，每一个课程、每一本书都将会成为你学习转化的利器，你的知识体系就会越来越强大，你的认知水平也会越来越高，并且随时随地保持超强的学习力和输出力！

本章思维导图

本章小结与行动指南

1. 通过萃取三部曲的学习，你对于成年人的学习有什么不同于以往的认知？

2. 你在自己优势的领域里是否构建了"名道法术器"的知识体系？

3. 如果你掌握了萃取的能力，你想如何运用它实现个人的成长跃迁？

🕐 行动指南：练习萃取

刚开始练习做萃取的人，可以先从一件小事做起。你能把一项小任务萃取透彻，你就能够萃取一项大任务。你可以从下方任选一个小任务，做萃取练习的尝试。

1. 发现自己的一个亮点，可以写一条朋友圈。

2. 发现身边朋友的一个亮点，萃取后告诉你的朋友。

3. 用萃取金字塔萃取一本书的知识体系，扫码查看范例。

范例

第4章

经验创富，
高盈利的产品设计

对于大多数既没有大流量又没有资源和平台的普通人来说，用自己最具差异化的能力做高端产品，以扎实的交付帮助客户拿结果，打造良好的口碑和品牌，才是实现低粉高变现的最切实路径。

第1节

做 IP 很累却收入低的
三大原因

准备好了知识体系，接下来就要进入产品打磨的环节。但是有不少职场人刚转型时，对于做知识 IP 存在很大的误解：是不是都像某些知识付费平台上的老师一样，先录一套线上课，然后开直播带课，自然就会有流量，然后就能一下子收获几十万元、上百万元？

1. 对知识付费市场缺少洞察

事实上，知识 IP 也是分梯队的，樊登、罗振宇、刘润属于第一梯队的知识 IP。他们有平台、有流量、有知名度，本身就是知识界的领军人物。但是普通人大部分没有平台、没有流量、没有知名度，很多人找不到机会和这些平台合作。

如果你对标这些大 V 的做法，一开始就做个收费 99 元、199 元或 365 元的产品，想在公域上做短视频、直播带课，大概率是走不通的。因为你在公域没有粉丝和关注度，大多数新手要花很长时间适应公域的打法，包括怎么确定自己的人设标签，如何写出爆款文案、做出爆款视频。

如果没有粉丝积累就开直播特别容易冷场，没有关注度，更没有可能有成交转化。就以小红书为例，现在平台上的内容创作者已经多达 1 亿，现在从 0 开始起号，想做到 1 万粉丝量，可能要花 10 倍的时间。每天开直播做视频，如果销售转化寥寥就会特别打击自信心。

所以，适合绝大多数普通人的方式，是先做好私域，待打出了口碑和品牌，创业赚到第一桶金以后，再进军公域。而做私域，是不是就一定要做低价课呢？

2. 用尽力气做低价训练营

有些学员刚开始尝试做 IP，想做出自己的口碑，于是用低价试水。定价不高的课程，恨不得一股脑把所有干货都倒给学员，想以此打造开门红的课程。

这不仅导致交付特别重，而且学员会觉得课程很难，学着学着就放弃了。而老师看到学员不写作业、不打卡，也会觉得自己的付出好像都打了水漂，于是对自己的能力产生怀疑。

举个例子，我的学员丽丽老师做了"21 天素食打卡挑战营"课程。一开始虽然靠着较低的价格吸引了一些人参与，但是她发现一大半人是不行动的。不行动就没有成果，老师比学员更着急。很辛苦地做了几期以后，丽丽老师说自己都不想再做下去了。除了自己非常辛苦，盈利也很低，这让她很受挫折。

3. 不敢做高客单价的产品

我发现很多人都不敢做高客单价的产品，他们一方面担心客户期望过高，自己交付不好；另一方面，他们也会自我怀疑——自己的交付是否值这个价格，导致交付内容越加越多。

（1）你卖的课程和解决方案，价格是不一样的。区别在于，你卖的是一堆知识，还是结果的改变。大平台卖的是知识，而不是解决方案。

（2）你认为抠门的人群，他们在别的地方也许消费过万元以上的产品。所以不要一卖不出去就埋怨是客户的问题，这样不利于自己的成长。

（3）你能卖多少钱，取决于你的产品价值以及价值的塑造能力。不会价值塑造的人，就算是卖一瓶茅台，也会卖成矿泉水的价格。

请你回想一下自己曾经花高价购买的产品。你是因为什么原因而购买的？我自己曾购买了上万元客单价的私董会产品。我和那家机构素未谋面，却在 24 小时内交钱。到底是因为什么呢？

首先，需求对上了，解决方案也是我所需要的，老师看上去挺专业的，还有成功案例。这个产品紧紧抓住我的痛点需求：明明很专业，就是赚不到钱。那时我的个人商业模式没有设计过，也没有商业能力，引流、获客、成交这些事情更是一窍不通，线上成交完全靠运气。

其次，能帮客户拿结果的，10 万元都不贵；不能帮客户拿结果的，1 万元都是贵的。所以，你能赚多少钱，取决于你给客户带来了什么样的价值，让他觉得这笔投资能够给他带来至少三倍的价值回报。或者说，如果他不去做，带来的损失或者机会成本可能特别高。

第2节
精准获得客户画像，打造高端产品

我们在这里谈了很多高客单人群，可能很多人会问：高客单人群是什么样的人呢？上哪里找高客单人群呢？

1. 高客单人群的特征

其实你在定位的时候，基本上已经决定了这个人群的付费能力上限。

我的商业导师泽宇一开始做社交课，一年也做到了百万元的营收。后来，他果断砍掉了这块业务。因为他发现，参加社交课的人大多是大学生，社交课不是他们的必需品，他们不会持续为社交课买单。

我自己在做定位的时候，也重点思考过我主要帮助的目标人群是谁。我的目标人群是职场精英人士，具有 10 年以上工作经验的人群居多。这些人愿意为了提升自己而投入一定的时间和金钱。

知识付费的优质服务对象的特征是：受教育程度比较高，重视学习投入，平时有付费学习的习惯，愿意为想解决的问题买单，并且持续性强。

比如，做育儿赛道的，我会建议他们面向对孩子教育非常重视的家长，因为这些家长对孩子有比较高的期望，最可能为解决孩子的问题买单。做育儿赛道的，往往优先选择从妈妈入手，因为妈妈陪伴孩子的时间最多，痛感也最强。

如果是做职业生涯规划的，做青少年生涯规划不如做职业转型。在青少年阶段，父母的痛感不强烈，现阶段肯选择帮孩子做生涯规划的父母还不普遍。职业转型的人群则大为不同，他们存在自己解决不了的问题，转型对他们来说是一件非常重要的事情，同时能自主做决定。

总而言之，你的目标人群定位决定了产品价格的起点。高客单人群的特征是对你的解决方案有刚需，同时有强烈地提升自己的意愿，并且愿意为之付费。

2. 精准获得高客单人群

有的人可能会问：高客单人群去哪里找呢？

其实这个问题很简单，你观察他们平时在哪些地方聚集就可以了。可从三种地方找到你的目标人群。

第一种，和你的定位相关的上下游。比如，我的定位是做经验萃取与知识产品开发，但是我不做短视频、小红书博主孵化，也不做私域营销、产品发售，我的定位属于这些机构的上游。我可以和他们进行合作，也可以进入这些社群，发展潜在客户。

第二种，定位不同却相似的人群。比如，做育儿定位，可以和女性身材管理、营养健康等赛道互换流量，因为这些人群基本上面向相似阶层。凭借着对自己选择的老师的信任，他们对其所介绍的其他老师也容易接受。

第三种，观察这类人平时报什么课。你可以把朋友圈里的目标受众都打上一个标签，然后对这些人的动向加以关注——观察他们在报名什么课程，从中发现共性。比如，我发现我的目标人群在参加一个写书课程，我就知道这个话题的人群值得我关注，因为写书需要密集、高质量的输出，他们肯定也需要经验萃取的帮助。

3. 如何为自己的产品合理定价

很多人花费很多时间和精力打磨了一门内容丰富的课程，却不敢定太高的价格，因为担心价格太高会阻碍用户下单。事实上，价格并不是决定用户是否买单的关键。

如何为自己的产品合理定价呢？

首先，如果是交付结果的陪跑型产品，根据取得结果需要花的时间定价，交付时间可以是一个月、三个月，或者半年、一年。举例来说，如果做一个文案培训班，交付周期为 30 天，可以千元为单位进行收费。如果是年度私教，那可以定在万元。

其次，你可以预估一下，你的产品能够为客户解决哪些问题或者创造多少价值，然后据此定价。如果你能为客户节省很多时间，或者创造几倍的收入，那你的产品定价可以比一般同类产品高一些。

最后，你可以估算一下目标受众的收入水平和知识付费历史，了解他们在学习上的投资情况，再据此定价。一位曾经付费超过五位数的学员，付费四位数肯定是不成问题的。我一般投资万元以上的学习项目，关注这些项目的高质量的学员比较多，在这里你的一次投资可能赚回好多倍的学费。

这一节主要讲解如何做好高客单人群的画像定位，以及去哪里找这类人群。但是，学员有付费能力是一回事，怎么变成你的客户就是另外一回事了。下一节，我将教你学会塑造产品的价值感。

第**3**节
构建产品体系，
做透细分领域

很多新手 IP 不知道应该怎么搭建自己的产品体系。很多人看着别人怎么做产品，然后模仿着去做自己的产品。别人出了一个产品卖得好，他们就想快速抄作业，模仿去做。殊不知，别人的某个产品的成功是建立在前期的资源积累基础上的，跟进者在没有积累的情况下贸然做某一个产品，很难做出同样的效果。

目前在知识市场里，各类产品琳琅满目，价格差异也很大。但实际上，产品体系构建大道至简。下面为你拆解产品体系构建的整体框架，你先理解了整体框架，再搞清楚做产品的节奏，就很清楚应该在什么时间做什么事情，心里就会豁然开朗。

1. 构建高价值产品体系

构建知识产品体系，通常包括四种类型，分别是引流型产品、刚需型产品、变现型产品以及商业模式型产品（见图 4-1）。

引流型产品通常指免费的公开课、录播课，书籍，短期训练营，单次的一对一咨询、测评等，价格通常为 199 元、299 元不等，目的是通过免费或者低客单，降低客户"进店门槛"，也便于筛选出强需求的客户，成交刚需类产品。

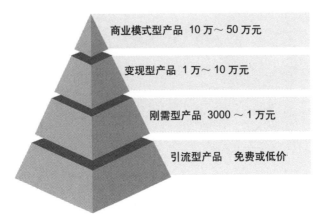

图 4-1　知识产品体系

刚需型产品，指价位中等，能解决客户比较刚需的问题，并容易产生付费意愿的产品，一般是系统解决方案，或者高价训练营，价格通常为3000～10000元。举例来说，直接帮助客户做经验萃取，就是一个刚需型产品。

变现型产品，其价格在万元以上，一般包括教人掌握某项技能的变现类产品，比如萃取师、咨询师、教练等类型的产品，产品定价在19800～100000元；或者帮助他人掌握某项助力变现的产品，如 ×× 合伙人、私域变现操盘手等。

商业模式型产品，比如帮助个人打造商业模式的全案操盘私董会，或者商业高端私教等产品，收费在10万～20万元。有些商业模式复制类的产品，比如城市合伙人、渠道加盟商等，甚至可以卖到30万元、50万元以上。

这样搭建产品体系的好处是什么呢？

答案是知识产品的体系性特别强，针对你这个赛道的每个类型的客户需求都能得到满足：引流型产品可以源源不断地补充新流量；刚需型产品能直接帮助客户解决问题，建立信任；变现型产品可以让客户参与产品分销、共同创富；商业模式型产品可以用于复制成熟的商业模式，结成伙伴，占领一个细分赛道。

2. 产品开发的节奏规划

我先问你几个问题：如果你刚开始准备做知识 IP，你准备怎么做你的产品？你准备先做哪个产品？还是准备一起都开发出来？

我的建议如下。

（1）除非你换行业了，否则没必要从几百元的产品开始做起。

比如，我自己一直从事萃取工作，既做过企业经验萃取，也做过个人经验萃取，可见我是有经验、有资源的，用户对我做的事情有一定的认知，所以在打造个人品牌的时候，我可以直接选择价格适中的刚需型产品。

如果你从事的是有积累的行业，那么你在线上打造个人品牌时，就可以从价格中等的档位入手，该档位比较容易获得客户，建立口碑和信任，然后逐渐升级产品体系。

（2）如果你完全换行业了，可以从做 MVP 产品开始。

比如，你原来在公司上班做的是互联网程序员，现在转型做家庭教育咨询师，两条赛道完全不相干。当你面对一条陌生的赛道时，你需要快速积累对这个行业的客户认知、收集客户痛点清单、积累成功案例，那么，你需要打磨出自己的 MVP 产品——可以是短期训练营，或者单次一对一咨询，或者系列公开课——降低用户门槛，一方面为自己密集接触大量潜在客户积累粉丝，建立口碑，另一方面去验证市场的需求。

下面再举一个例子。乐道商学院创始人刘津老师原先是互联网公司高管。她离职后发现，自己最喜欢心理咨询的赛道，所以决定在这个方向上开始创业。刘老师开发了一套天赋测评工具，帮助学员做天赋测评，30 分钟的咨询收费 199 元。在积累了数百个案例后，她发现，可以把这个能力教给学员，让他们去做天赋测评变现。刘老师开发了一套几千元的天赋教练认证课，学员学会她的测评咨询模式并成功出结果了。后来她又升级了产品——上万元的天赋创富计划，不但升级了课程内容，而且帮助学员学会更加高阶的商业技能，完成心理咨询变现。

（3）产品要从刚需类产品向上升级。比如，我最初做帮人萃取经验的晶萃计划，这是一个刚需类产品，每个人都想找到自己的核心竞争力，想沉淀自己的优势经验。当我积累了数十个案例后，我就做了产品标准化设计，形成一套标准化的交付流程。后来，我推出萃取师计划，教大家掌握这项技能去交付萃取，实现技能变现。在更长远的未来，我会成为萃取师 IP 的孵化导师，将我的商业模式复制给他们。

（4）什么时候做引流型产品呢？引流型产品是用于补充流量的。当你需要将公域流量引到私域时，引流型产品就会很重要了。书、公开课和单次诊断咨询都是很好的进门类产品，可以降低用户接触你的门槛。你可以从引流型产品中筛选出适合的客户，引导其关注刚需类产品、变现类产品和模式类产品。

3. 关于做产品的常见误区和建议

误区一，同时做很多个产品。新手一定不要同时做多个产品。刚开始创业时，你就自己一个人或者仅带一个助理，你没有那么多的时间、精力交付多款产品。创业初期，能够做好一个刚需型的产品，吸引客户关注，就已经很好了。

把一个产品做透，要亲自交付 50～100 个客户，产品就会打磨成熟，交付质量才会稳定。我建议做好一个产品后，培养出交付团队，使其自运转，你再去做下一个产品。不然，每个产品都要有一套交付体系，你又没办法培养出交付团队，产品越多，你越疲于交付，一点也不轻松。

误区二，太早做合伙人产品。有个学员是做家庭教育的，她做得非常好，客户口碑也特别棒。她曾问我："很多人都在做合伙人产品，这样能够给自己带来转介绍的流量和分销，那我是不是也需要做一个合伙人产品呢？"

其实，这是对合伙人产品的误解。合伙人不是来帮助增收的，而是要时刻想着如何创造价值，让他们获得成长和收入。所以，在做合伙人产品之前，要把刚需型产品做扎实，让产品的口碑非常稳定，别人才敢推荐；同时，引流——培养信任——转化成交的链路要做到非常扎实，这样合伙人推荐来的流量才不会浪费，他们付出的劳动才能得到相应的回报。

第 4 节

设计交付路径，
带客户拿结果

高价值的产品之所以能收到相对高的客单价，最主要的原因是能够带客户出结果。凡是不能带客户出结果的高价值产品，都容易被认为是"割韭菜"。一旦把口碑做坏了，对个人品牌是很大的伤害。

1. 知识 IP 交付中的常见问题

第一种，凭感觉做产品交付。做产品交付设计是一个非常严谨的工作。在交付过程中，到底什么时间应该听课，什么时间安排咨询，做什么样的学习任务，辅导如何安排，怎么跟进学员的学习效果，这些都是需要设计的。

但是市场上绝大多数的 IP 导师既缺乏学习项目设计的背景，也没有做学习设计的能力，在交付中以学员上大课、咨询答疑为主，对学员有问必答，一天到晚都在辅导和答疑，因而缺少一套清晰的学习成长路径规划。学员在学习过程中是懵的，不知道要学习哪些核心内容，必要项目是什么。这些导师虽然收了六位数的客单价，但是并没有带给学员实际收获，导致部分学员闹退费，最终口碑受损。

第二种，只能依赖 IP 自己交付。不少 IP 刚开始学员比较少，导师还能交付过来，主动问问学员的进展情况；但是学员数量一多，导师就忙不过来了，对学员关心不及时，导致学员体验感降低。因为没有交付体系的设计，很多 IP 甚至不敢招收新学员，也没办法突破自己时间的天花板。

如果交给团队成员来做不放心，总担心他们没有交付能力，或者缺乏人才复制的能力，总之，其他人交付容易出问题，还要自己去救场。

第三种，堆砌很多的权益给学员。很多人做高客单产品，认为：我的产品价格定得比较高，就多列一些权益，有用的、没用的全列上，总之，我有的东西全部给你。这样是对学员负责吗？

恰恰相反，这是对学员的不负责任。学员的时间是最宝贵的，你能让他在最短时间内解决问题，达到理想状态，这才是对学员负责。这就需要你在产品设计上下足功夫，让你的产品经过严谨的步骤设计和体验规划，能够让学员做最少的必要动作就能拿到结果，这样既节省了老师的时间，也加快了学员出结果的速度。

高客单价的本质就是帮助客户省钱、省力、省时间，花最少的时间、付出最少的努力，帮客户轻松拿到结果，也就是帮助客户走捷径。但是，很多人对自己的产品能让客户拿到结果是不笃定的，就很难有自信心去定高价。

事实上，这些交付的问题需要做一套系统的产品交付体系来解决，也就是说，有了交付体系，这些问题便迎刃而解。

2. 设计高价值产品交付体系

高价值产品通常包括系统性的训练营、私教陪跑计划、咨询解决方案等。

高价值的产品交付，需要根据学习项目设计方法。从确定交付目标到目标分解，从目标分解到确定交付内容、设计交付方式及交付标准。事实上就是要以终为始，围绕每个阶段目标，思考学员每个成长阶段需要掌握的内容。交付方式如何设计，以及如何判断目标达成，要符合逻辑推演过程。

当整个推演过程都能一步步按照逻辑进行设计，学员拿结果就是一个相对确定的事情。当你自己厘清了交付路径和交付标准，学员也就清楚了；

如果由团队交付，那团队也清楚如何去做。整个产品的交付体系就运转稳定了。

举个例子，我的一个学员是三甲医院的儿科医生，她打算做一个帮助孩子提升专注力的咨询产品。她以前做过很多为父母答疑解惑的个案咨询，但是对于做出一套知识体系，设计标准化的交付流程，让家长跟着她一步步操作，最终拿到结果，这一切她原先是没有概念的。

后来，我给她梳理了一整套的交付流程，包括三大模块（三个月的交付流程，每个阶段要做哪些关键动作，学员会取得什么结果），对每个模块都做了清清楚楚的规划。一个多余的步骤都没有，可谓极致高效、极致简洁。她的儿童专注力提升计划的框架如图 4-2 所示，具体细节限于篇幅和知识产权保护，这里不便展开。

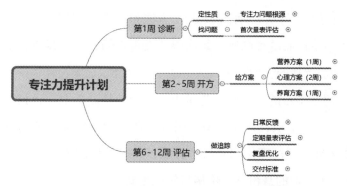

图 4-2　交付体系示例：儿童专注力提升计划

她认为，她把交付体系和执行细节整理清楚了以后，交付端就会特别稳定，她不用每次再去想下一步应该做什么。这样，标准化的交付体系可以用于解决 80% 的共性问题，她可以把节省下的精力用来解决学员的个性化问题和辅导落地。

下面是陪跑型产品的例子。给学员设计一套学员成长手册，会让学员特别有惊喜感。我曾经给一位专注做儿童学习力提升的老师设计了一套学员成长手册，非常受家长的欢迎，因为交付过程可视化、可量化，有清晰的过程导航学习进程，让家长有方向，不会焦虑担心。

客户购买高价值产品，买的是什么？说到底，买的是一种实现理想状态的结果，即通过这个知识产品或服务，能够让他们拥有理想状态。所以，高价产品贵在能够让客户出结果，实现他们的理想状态。

3. 提高入学门槛，审核并筛选能出结果的客户

对于高价值产品而言，因为我们要陪跑客户出结果，所以相对来说能够服务的人数要少一些。因此，我建议做高客单价的知识产品要采取审核制。

审核制能够带来的好处如下。

（1）增强对学员的责任感。通过审核，重点筛选学习力强、行动力强的学员，使交付结果更有保障，也能保证自己的口碑。

（2）建立学员的尊重感。审核制可以更加明确导师的地位，学员只有信任并尊重导师，听从老师给的思路、方法和建议，听话照做，才能出结果。

（3）塑造产品的稀缺感。每次限量发售名额，会让客户觉得，到你这儿来学习是被选择的，而不是人人都能学。这样也让学员珍惜学习机会。

（4）营造学习的身份感。为了更加系统地培养萃取师，我把经验萃取师做成了一个认证项目，并申请了国际职业经验萃取师培训基地，这样每位萃取师学员在经过理论和实战考核后，将来可以取得这个认证。这给了学员从事这个职业的身份感，价格自然也更高一些。

4. 毕业仪式，庆祝学员取得结果

学员完成学习、取得结果，一定要开展一次盛大的毕业典礼，恭喜学员，让他们有良好的峰终体验。

比如，一些完成萃自己的学员，特别想分享自己的经验，一方面为了庆祝毕业，另一方面帮助他人有机会被人看到自己的价值。因此，我会邀请学员做毕业连麦，并且给学员发放毕业证书。

又如，为了恭喜萃取师学员毕业，我特意选择在大理苍山洱海旁给大

家举办了首批国际职业经验萃取师的颁证仪式，并且制作了具有特别高级感的喜报和礼盒，还给合伙人举办了生日晚会。这些活动让每个人得到了充分的尊重，因此很多学员和客人不远千里相聚一堂。

这节和你分享了如何做出高客单价产品。你是不是开始有信心了呢？

第5节
产品开发两阶段，
定制百万营收路径

你是否觉得实现百万元营收很难？你是否觉得在一年内实现百万元营收难上加难？

其实，掌握了方法，你也可以在一年之内实现百万元营收。这是我回顾了自己，也包括其他在一年之内实现百万元营收的朋友的案例之后，发现的共同规律。

1. 我的创业之路

我把自己的创业过程分成两个阶段：第一阶段是起飞阶段；第二阶段是展翅阶段。

第一阶段的时候，我只有一个核心产品——帮助学员萃自己的产品（原名"晶萃计划"）。这个时候我的目标是打磨初阶产品成形，积攒大量的成功案例和客户口碑。

这个阶段需要自己去做交付，也比较辛苦一些。当时，我基本上每个星期要接听十几个咨询电话。但是对学员一对一的辅导过程，让学员拥有了特别好的体验。我把这些学员的好评和案例发到朋友圈中，很快又产生了进一步的咨询和成交。有了案例以后，订单就像滚雪球一样，越来越多。我在辅导学员的过程中，总结了共性的问题和规律，为第二阶段的腾飞做了充分准备。

第一阶段差不多有3个月，交付了30多个案例。因为学员的口碑非常好，很多同学希望向我学习萃取，也成为萃取师。

第二阶段，我在4个月后，推出了"萃取师孵化计划"。这个产品也特别好卖，一半以上的客户是第一期的同学，可见前期的口碑打造有多么重要。

萃取师项目是以训战结合为导向的训练项目，这个项目会带着学员进行大量实战，所以大家的参与热情特别高，而且成才率非常高。同时，为了培养萃取师，我把"晶萃计划"的内容做了标准化，开发了统一的辅导课程和教学工具，这样"晶萃计划"就由萃取师学员帮我去做实战交付，还能保证高质量的交付水准。

当初阶的产品标准化体系搭建完成后，我可以腾出时间和精力去做更多引流、获客、成交相关的事情，把重点放在高价值产品打造上，解决学员萃取成果如何变现的问题。"创课计划"的重点是帮助已经有萃取成果但还没有高价值产品的学员打造高价值的知识产品。

通过上面的分享，你是否发现了我的百万元实现路径？

我用图4-3给你讲解下，如何走出自己的百万元之路。

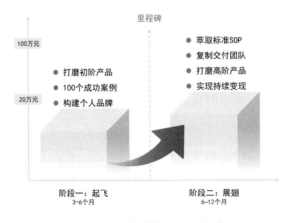

图4-3　知识创业百万元之路

2. 第一阶段目标：20 万元

我建议刚开始做产品的时候，一定要去选一个刚需人群，聚焦他们最痛的需求，做一个相对高客单价的产品。

举个例子来说，假如初阶产品定价为 4980 元，那么为了达成 20 万元的目标，你需要成交 40～60 个用户。怎么成交首批用户呢？做两次群发售，批量成交就可以了。当然，你的成交结果是基于对你有信任度的目标受众基数，或者其他知识 IP 能够信任嫁接的粉丝群体。

你可以选择集中交付用户，也可以选择一对一交付用户。集中交付的前提是你录好了课程，并且有一套标准化的交付体系。一对一交付用户适用于一开始并没有标准化的流程，产品构想是在项目交付中逐渐成形的情况。

为什么对"晶萃计划"我一开始没有做标准化的流程呢？因为这个产品的目标是帮助学员聚焦优势，沉淀知识资产。说实话，当时这也是一个新产品。我刚开始做的时候，心中也没概念应该做成什么样。在交付过程中，我不断测试交付的边界——交付到什么程度，既保证我带给学员惊喜的感受，又不至于让我交付过重。

所以，这个阶段我在一边验证概念，一边完善产品。有的伙伴可能会说，这样也可以吗？很多人觉得，只有把产品设计得非常完善，才可以去推广。我是做知识产品经理出身的，比较认可敏捷开发①的理念。IT 界的敏捷开发就是先跑一个 MVP 原型，然后在上线后不断收集用户反馈，对其进行持续迭代直至完善。

所以，做知识产品就是可以轻启动，在交付过程中不断去完善。而如果你一直没有和真实的用户交互，是想象不到产品应该如何发展的。

3. 第二阶段目标：100 万元

有的伙伴会特别好奇，100 万元该怎么做呢？

---

① 敏捷开发：计算机名词，以用户的需求进化为核心，采用迭代、循序渐进的方法进行软件开发。

其实，你只要做了20万元，你就能赚100万元。在走向100万元的路径中，经验萃取发挥了巨大的作用。

初阶产品开发出来后，你一定要做产品标准化，然后培养交付团队，就能实现规模化的复制和裂变。

产品标准化包括你的产品整体交付逻辑、每个模块的交付内容、关键行为、常见问题和解答、成果样例、工具包、学员案例等。

培养交付团队也很简单。只要初阶产品的口碑好，肯定有不少学员感兴趣，想跟你深度学习，或者成为导师。你可以把第一阶段的交付内容提炼出来变成一项技能，教授给想学习这项技能的人，这样既可以做出高客单价的产品，又很容易实现向上销售，还能培养交付团队。

产品体系不需要多和杂。做任何产品的核心法门，就是用心做好每个产品，然后萃取产品交付经验，实现产品标准化，培养交付团队，实现规模化的复制裂变。最终，解放自己的时间和精力，把重点放在流量和品牌建设上面。

你可以给自己规划下百万元产品实现路径。一般来说前3～6个月，你要自己去跑初阶产品的闭环，沉淀40～60个案例，实现20万～30万元的营收。接下来的6～12个月，你就可以布局规划下一个高阶产品，跑出产品闭环以后，继续标准化，将其复制交付团队。

两个阶段的核心就是做产品的标准化，使其能够被复制、规模化。这样，你才能够解放自己，启动自己的商业飞轮。

本章思维导图

做IP很累却收入低的三大原因

- ⊗ 误区一：对知识付费市场缺少洞察
- ✓ 先做透私域，再进军公域

- ⊗ 误区二：用尽力气做低价产品
- ✓ 低价引流，高价创收

- ⊗ 误区三：不敢做高客单价产品
- ✓ 高客单产品=提供解决方案+帮客户拿结果

精准客户画像

定位不同
但人群相似
和定位相关
的上下游
观察他们
报过什么课
→ 高客单
人群
在哪里

画像
有良好的付费意识
有较高的付费能力
对解决方案有刚需

构建产品体系

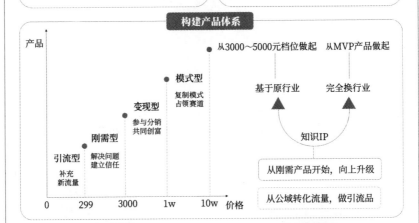

产品

● 从3000~5000元档位做起　　从MVP产品做起

模式型
复制模式
占领赛道

变现型
参与分销
共同创富

刚需型
解决问题
建立信任

引流型
补充
新流量

0　　299　　3000　　1w　　10w　　价格

基于原行业　　　完全换行业

▲　　　　　▲

知识IP

从刚需产品开始，向上升级

从公域转化流量，做引流品

设计交付路径

1.设置
审核门槛
2.确定
交付目标

4.设计
交付方式
3.确定
交付内容

5.界定
交付标准
6.举办
毕业仪式

创造百万元营收

产品标准化，复制规模化

实现20万元营收	实现100万元营收
沉淀40~60个案例	复制交付团队
专注品牌建设
跑通初阶产品闭环	布局高阶产品
3~6个月	6~12个月

本章小结与行动指南

1. 你购买过的最高客单价的产品是什么？回想一下，打动你购买的理由是什么？

2. 从客户视角看，你认为学员选择购买高价产品主要是为了得到哪些收益？

3. 对于如何实现百万级的知识变现，你有哪些不同想法？

🕐 行动指南

如果你已经初步思考好了定位，那么给自己策划一个刚需类产品。思考一下：如果你的刚需产品定价在 3000 ~ 5000 元，那么，哪些人是你的高客单消费人群？你将通过什么方式，帮助他们解决什么问题，拿到什么结果？扫码查看经典的产品案例，给你提供一些灵感。

产品案例

第5章

营销推广，
让好产品未卖先火

做个人品牌最美好的事情，就是可以真实做自己，用自己的天赋优势在帮助别人的同时获得收入——你将每天都活在富足、心流和喜悦中。

第1节

小白必看：为什么专家
人设会阻碍获取收益

做个人品牌，最大的特点是你需要一个人活成一家公司。特别是刚开始的时候，需要自己做定位、自己做产品、自己做营销、自己做成交、自己做交付。

如果没有营销能力，你就无法获得流量，接不到订单，或者无法持续地接到订单。如果没有成交能力，那就算有目标客户，你也无法促成成交，只能眼睁睁看着客户被别人抢走了。

1. 知识分子的面子问题

很多人和曾经的我一样，特别不喜欢营销。刚开始的时候，我发朋友圈还有很大的心理障碍，因为我感觉做个人品牌每天要发很多次朋友圈，担心显得过于商业化，影响自己的专家形象。还有一些人放不下面子，朋友圈里有很多客户、以前或者现在的同事，怕被人说像微商，不敢往下做了。

成交能力是另外一个卡点。我以前是一个特别不好意思提钱的人，经常帮助别人回答问题，提供免费咨询。虽然帮助别人是一件挺令人开心的事，但是长此以往我就会很郁闷：自己明明也很专业，但为什么就是赚不到钱。我也曾想着收费，但是话到嘴边又咽了下去。总之，就是说不出口要收钱，担心给别人印象不好，好像我做人很功利，特别担心影响朋友关系，等等。

我有很多学员也有同样的困惑，说："我做咨询不以赚钱为目标，能做做公益也挺好的。在朋友圈里我不想发商业广告，我不想人家觉得我特别商业化。"

2. 为什么我们害怕商业化

为什么会有这样的观念呢？

中国人传统骨子里就觉得知识分子应该是崇高的，不应该赚很多钱。我记得最早的知识 IP——易中天老师在《百家讲坛》火了以后，赚了不少钱，被一些黑粉质疑。黑粉说他太赚钱了，是个知识分子，却丝毫没有文人风骨，浑身上下都是铜臭味。

这两年有个讲唐诗的戴建业老师，成了网红教授，到处出书、演讲。结果，人红是非多，这一系列"捞金"行为被同行和网友批评为丢了"文人风骨""晚节不保"。在人们的传统思想里，中国文人向来自有一种风骨，不为五斗米折腰，不被世俗金钱所束缚，一旦沾上名利，就会千夫所指。

后来在一次采访中，戴老师说出了他"捞金"背后鲜为人知的故事。原来，他的妻子得了肺癌，在一系列的化疗和抗癌药物费用面前，他的工资杯水车薪。有一次他不小心弄翻了一盒药，有几颗找不到，他的妻子急得抱着药盒大哭。戴教授更是内心崩溃，认为自己堂堂一个教授，教了一辈子书，却连妻子看病都显得那么无力。后来他的课堂视频在网络上走红，他本人得到了很多高校授课邀请和出版社的邀请，经济上才有所缓和，还了之前欠的债。面对镜头，戴建业说了一句话："我老婆一盒药 51000 元，你们却跟我谈文人风骨？文人风骨值几个钱？要是因为没钱治病失去爱妻，丢了文人头衔又如何？"

戴老师的话特别扎心。如果连爱人的癌症药都供不起，谈何风骨呢？我看过戴老师的书，他用风趣幽默的语言把年代久远的古诗词讲解得通俗易懂，让我们在忙碌的世界中得到很多心灵慰藉。

我们普通人也一样，也需要养家糊口，也要努力让家人得到有品质的生活：在家里需要用钱的时候，我们能够轻松地支付；在父母需要照顾的时候，我们能够给父母多一点物质上的保障；在孩子成长过程中，我们能够给他们创造更好的学习成长环境。

做知识服务，就是把我们的天赋优势发挥出来，帮助别人解决问题，把他们从不理想的状态带到理想状态。所以，我觉得教书育人、传播知识赚的是良心钱。用自己的知识和能力服务他人，赚到的钱是干净的、纯粹的。在这个过程中，你要投入时间、精力，帮助学员拿到结果，这是正当所得，不应该把知识分子和穷人画等号。

同时，我也建议你对自己坦诚，要承认自己想赚钱。不要觉得赚钱是一件很脏的事情，为自己打广告是一件不入流的事情。相反，如果在一个自媒体如此发达的时代，你有各种机会传播自己的能力和价值，却不去做，那只能说你不想赚钱。

我希望从今天开始，当你决定要从事知识付费的时候，你要明白自己的身份是一名付费知识传播者。你要敢于为自己的知识产品定价，不再做一个有知识的穷人。

3. 打破营销卡点的核心关键是利他

如果你既想赚钱，又羞于提钱，放不开手脚为自己做宣传。那你可以问自己一个问题：你做这个产品是为了利己，还是利他？

我找到自己的愿力以后，我就特别明白我是为了什么而做这个产品的。我就是希望帮助迷茫中的职场人找到自己的核心优势，沉淀一套知识资产，提升个人身价；我要帮助想要做知识IP的人开发课程，打造优质的知识产品，快速实现通过经验获取收益。

我知道我的目标用户，他们非常需要这样一套服务的帮助。如果我不做宣传和推广，很多人甚至不知道有我提供的这样的服务存在，他们也得不到恰当的帮助，可能还困在原地。或者他们可能在别的地方学习，但是依然拿不到结果，白白浪费了很多的学费。

《道德经》中有一句话："慈故能勇。"意为心怀慈爱，所以能够勇敢无畏。当你内心是慈悲的、利他的，那就没有什么心理包袱。我认为推广自己是一件特别自然的事情，而且我发的朋友圈也好，海报也好，都非常真诚，很多人说看了感觉很受启发，主动找我报名学习。

刚开始的时候，我还想给自己定一个销售目标：每个月要成交多少人，我需要多少的流量，打多少咨询电话。但是后来我发现，利己的目标越强，利他的目标就变得越模糊。所以，我干脆放下每个月的成交目标，只是专注于分享自己的知识经验，帮助需要的人，反而没了心理包袱，获得的收入也越来越多。

第 **2** 节

私域开采，教你如何
做零成本线上营销

很多人会觉得，现在这个时代流量太好了，看起来特别不起眼的领域，做小红书每天能有几千个流量。他们感觉别人抓住流量时代的红利，赚得盆满钵满，羡慕不已。于是就有人问我：做个人品牌是不是就要去做抖音、做小红书？

我认为这是一种结果，但你不能马上模仿。流量其实分为两种，一种叫公域流量，一种叫私域流量。

1. 为什么知识付费要从私域开始

公域流量也可以称为生流量，私域流量则被称为熟流量。生流量和熟流量之间怎么界定？生流量是刚刚关注你的人带来的，他们对你的过往没有什么认知和了解，可能只是被你的某一个视频内容吸引而来。熟流量是已经在你的朋友圈、私域里，对你关注过的，知道你是做什么的，了解你的专业能力和个人品质的人带来的。

为什么要区分生流量和熟流量？因为这与成交关系密切。成交的三要素是需求、信任和预算。一个客户首先要有需求，才会关注你；其次，他要信任你，才会把钱付给你；最后，他要有预算，才能付得起。

如果一个陌生的流量加进来，信任的培养需要比较长的时间。他可能一开始带着对你的好奇，你需要和他建立关系、建立信任。关注你的朋友圈一段时间后，他可能听过你的课程、分享、直播，在他的某个痛点被激发时，才有机会转化为你的客户。

熟流量的特征是他平时对你有关注、有了解，对你在某个领域的成就能力有认知。这个时候你要做的仅仅是激发需求，他就可以很快成为你的客户。

所以，刚开始打造个人品牌，你应该先从自己的私域着手。你不要盲目追求小红书、视频号上的一些流量。你应该先重视激活自己的私域资源，让他们成为你的种子客户。你唯一要做的就是通过刺激他们的痛点，唤醒需求，就可以产生快速成交。

流量，听起来是一个空泛的概念，把人都标签化、符号化了。但事实上，每一个流量后面都代表一个具体的人，是活生生的个体。你身边就有这么多需要你帮助的人，为什么你要舍近求远呢？

我举个例子。我第一次做群发售是通过我的朋友圈。大家知道我在从事经验萃取，或者曾经听过我的课，或者曾经跟我合作过，或者曾经看过我的文章、关注过我的公众号，又或者听过我的直播分享等，无论是什么方式，总之，他们跟我存在或强或弱的链接。

所以，我第一次推出"晶萃计划"的时候，基本上面向我身边非常熟悉的或者对我有关注、对这个产品有需求的人。这是我身边最可能直接转化的一些流量。

做这个私域营销需要花什么钱吗？根本就不需要。在最初几个月内，我几乎没有拍过一条短视频。我仅在朋友圈的 3000 多个好友中实现了首批的转化，最终成交 17 万元。

总结一下，其实朋友圈的每一个人都是很重要的资源，只是你过去从来没有开采过。朋友圈里有很多付费能力强，甚至有强烈需求的客户，你要把这些人先筛选出来，使他们成为你的首批种子用户。

2. 从头开始怎么做流量

有些朋友离开职场后做知识 IP，一方面在原来的个人号里宣传自己的业务，有点心理包袱，抹不开面子；另一方面，辞职创业，在还没有做出成绩之前，不想和原先的工作圈子的人有太多交集。

但是，这样原先的流量就用不上了。没有流量，营销无从做起，怎么办呢？其实很简单，启用一个新号，重新获得流量、培育信任。如何快速获得精准流量呢？具体有下面几种方法。

第一，和定位上下游的 IP 进行互推，进行流量置换。比如，你是做形象设计的，你可以和女性创业的知识 IP 一起互换流量，因为女性创业者更需要做形象管理。你还可以和做育儿赛道的知识 IP 互换流量，因为关注育儿问题的家长对自我形象的要求也会更加重视。知识 IP 虽然是个体创业者，但也需要抱团取暖，形成创业联盟，共同发展。

第二，主动关注精准目标人群。如果你付费参加某高端学习社群，那你可以把所有社群里的学员都主动加一遍好友。我以前也是一个"社恐"分子，学习只是学习，从来不跟别人发生什么往来。但是后来我发现，其实每个社群，尤其是高端社群，人脉价值都非常高。只有走出去，多链接同频的朋友，才不会错过商机，也有很多人在这个过程中找到了事业的合伙人。

第三，多做输出分享，吸引精准流量。这时候就不要谦虚了，你一定要多找社群分享，多展示你的价值。举个例子，我们在帮助学员做好知识体系萃取后，会教大家在 2 小时之内快速做出一份干货分享的课件。然后，他们可以用这节小课，去找目标社群，做十次八次的社群分享，有的学员每次分享都能引流几十个目标人群。

当然，你还可以发挥自己的专长。有的朋友很擅长做小红书视频，多开几个账号引流，也可以每天引流几十个。还有的朋友特别擅长写作，经常写出爆款文章，关注的粉丝直线上涨。只要坚持去做，每天增加 30 ～ 50 个流量是很快的，一个月就能积攒上千个精准流量。

那么对这些新流量如何快速建立信任呢？

3. 快速建立信任的三种方法

新流量加进来以后，如何快速地培育信任，筛选目标客户呢？最简单的做法，就是找到共同点，提供价值，让对方记住你。

第一，找到共同点。很多陌生人加我微信之后，会发过来一大段编辑好的营销话术或者海报，洋洋洒洒进行自我介绍，说自己有多牛。说实话，我是不会回复的，因为他没有重视我，只想向我推销。我觉得这样做其实看起来是省事了，但是对于第一印象的塑造非常不利。

所以，更好的方式是：你加了这个人，他通过你之后，你先看下他的朋友圈，找一两个你们的共同点，看过他的简介，表示对他感兴趣，再做自我介绍。

第二，提供价值。你可以准备一些干货资料、电子书或者自己的免费公开课。你也可以在朋友圈分享自己最近学习到的新东西，免费分享给有需要的人。如果有感兴趣的人来领取了，那么你既展示了自己的个人魅力，也种下了一颗被需要的种子。

第三，创造机会，让对方记住你。经过几次互动，你把目标人群筛选出来，至少要创造一次让他对你印象深刻的机会。比如，邀请他参加社群活动，赠送他需要的福利；或者跟他通过一次电话，解决对方的一个问题；等等。

流量池不是一天建成的，行则将至。信任不是一天建立的，诚则友至。做知识 IP 需要诚意正心，不要把人看作流量。在去做流量、做信任培育的过程中，带着你的初心和使命，去找到对的人，用真诚与对方建立信任，那么自然结果会越来越好。

第3节

产品海报设计，
九宫格做出吸金海报

线上的培训和咨询产品都属于虚拟产品。虚拟产品跟线下实体产品最大的区别是什么呢？它是无形的，需要靠人的感知、想象产生对这个产品的印象。

不同的赛道，呈现产品价值的方式也不一样。

如果你是教别人减脂塑形的，可以通过可视化前后的身材对比、数据对比，让用户非常直观地感受到产品的价值、学习的效果。如果你是做视觉设计的，也可以通过前后的对比，让用户感受到你的设计能力。这种情况下，产品海报只是起到辅助的作用。因为结果足够可视化，可以形成强烈的视觉冲击。

除此之外，比如说你的产品是偏管理的、偏情感的、偏知识类的，这种改变其实更偏无形，那么塑造价值要靠什么呢？

目标人群感受这个产品的价值，只能靠产品的介绍、学员的案例分析，以及学员对老师的感觉，比如我觉得这个老师是否专业，是否符合我的需求。所以决定目标客户是否会付费购买，很重要的一个因素就是产品介绍，我们称之为产品海报。

但问题是，很多人既不知道产品海报上面到底应该写什么，也不知道怎么用精准的语言提炼产品的卖点。

下面教大家做吸金的产品海报的两个关键思路。

1. 代表用户提问

想想看，你自己平时也买过一些知识付费产品，那么从一个产品介绍里看到什么你才会心动买单呢？尽可能地把这个问题都列出来，比如：

（1）这个课程到底讲什么，解决什么问题？

（2）为什么我要来学？

（3）这个产品适用的对象是谁？

（4）他用什么方式教？

（5）有什么样的人学习过？

（6）取得过什么样的结果？

（7）为什么他要收这个费用？

（8）这个项目还有什么额外价值？

（9）为什么要现在购买？

（10）为什么要跟这个老师学，而不是其他的老师？

（11）学完我能拿到什么结果？

（12）需要我投入多少时间？

一个好的产品文案，就是回答潜在用户上述问题的过程。评判一个文案好坏的标准，即客户看到文案后是否产生想要咨询的强烈愿望。在最理想的情况下，客户看到文案就自动下单了。

所以文案的本质是什么？文案的本质就是让客户产生兴趣、激发欲望、培育信任，最终下单成交。

我们可以用 AIDA 模型（见图 5-1）来理解潜在用户的心理过程。

图 5-1　AIDA 模型

Attention（注意）：这个海报成功地引起了我的关注。

Interest（兴趣）：里面讲的问题都是我现在面临的真实挑战。

Desire （欲望）：我能看到自己的理想未来。

Action （行动）：我应该马上采取行动。

2. 吸金海报九宫格

基于 AIDA 模型，策划一个文案可以包括九个核心要素，我们用九宫格来表达（见表 5-1），分别是产品标题、讲师介绍、客户痛点、课程特色、适合对象、课程收益、内容大纲、客户评价，还有引导下单的动作。

表 5-1　吸金海报九宫格

产品标题	讲师介绍	客户痛点
课程特色	适合对象	课程收益
内容大纲	客户评价	引导下单

下面以晶萃计划海报为例（见图 5-2）进行说明。

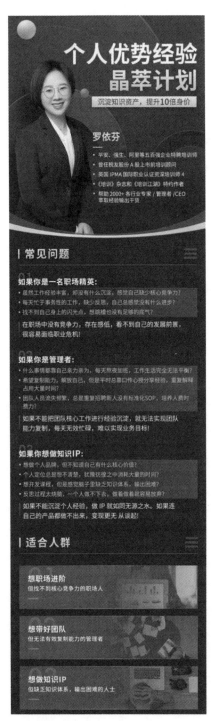

图 5-2　晶萃计划海报 a

（1）产品标题。产品标题需要一目了然地去吸引别人的注意力，同时要用一句话来解释，可以通过这个产品得到什么价值。

slogan（口号）描述句式：核心动作＋项目收益。

如：沉淀知识资产，提升 10 倍身价。

（2）讲师介绍。做个人品牌，个人的介绍一定要放在头部，和你的产品名称紧紧联系在一起。讲师介绍，需要有 3～4 个最牛的个人抬头标签，2～3 个自己的最牛经历。

（3）客户痛点。客户的痛点刺激，目的就是让用户看到自己的状况，能够对号入座。一般要列举 3～4 个典型痛点场景。痛点场景需要有画面、有问题、有情绪，才能引起目标用户的最大共鸣。

痛点描述结构：你是否遇到 ×× 问题，不知道／不会做……导致 ×× 结果。

（4）适合对象。要去描述产品适合的对象是谁，哪些人适合参加这个课程。需要表述清楚 ××× 样的人，喜欢／需要／想要做什么事，却在 ×× 上遇到 ×× 障碍。

不是简单地描述某类人群，而是画出了人物群体的肖像，更便于目标人群对号入座。

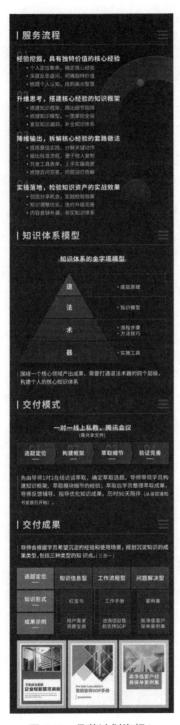

图 5-2　晶萃计划海报 b

（5）内容大纲。展示你课程或产品的逻辑结构，需要体现知识的系统性和完整性，以及怎样帮助客户拿到结果。

可以用一个模型呈现内容框架，更体现老师的专业水平。

一般需要说明项目学习的方式如何，怎样帮助客户拿到结果，以及拿到什么样的结果。

图 5-2　晶萃计划海报 c

（6）课程特色。这个课程有什么样的特色，与其他课程相比，它最大的差异点是什么？可以列举 5～8 项最大的差异。如果没有竞品，那就和学员自己做的相对比。差异化的描述可以选用表格对比的形式。

（7）课程收益。学了这个课，我能达到什么样的理想状态？

写法：学会什么（知识 / 技能）+做什么事情 + 达到什么效果。

目标：要有让人兴奋的画面感。

（8）为什么要跟讲师学习。再次强调为什么要和这位老师学习，体现老师的身价，提醒客户老师是资深专业人士，以及有个人魅力等。

（9）引导下单。给出客户需要现在下单的理由，要引导客户立即做出行动。

比如说明目前的优惠价只有 10 个名额。10 个以后涨价至 1000 元等。

最后留下个人联系方式。

如果文案特别长，你可以将其分成几张图展示在朋友圈。细心的伙伴可能会发现，我没有在这里展示我的学员案例。我专门有个系统储存学员案例的资料，就不再在海报中展示了。

第**4**节

朋友圈布局，个人品牌主阵地

首先问你一个问题，你觉得朋友圈意味着什么？很多人觉得朋友圈不就是发自己动态，记录展示自己美好生活的吗？是的，我以前也这么认为。直到有一天，我开始做个人品牌，我才发现朋友圈的意义变得截然不同。

1. 朋友圈是个人业务窗口

作为全网第一的日活平台，朋友圈日活跃 7.5 亿多人，成年人每天看朋友圈的平均时间超过 1 小时。事实上，如果你想做个人品牌，想在自己的私域创收，那么朋友圈布局是一个非常重要的事情，但是很多人其实都忽视了这一点，也从来没有真正理解朋友圈的重要性。

当你不做个人品牌的时候，在朋友圈你爱记录什么就记录什么。但是当你开始做个人品牌时，朋友圈就是你个人品牌的一个秀场，你在朋友圈里所发的每一个字都在塑造你的个人品牌。

我自己刚开始做个人品牌的时候，不好意思、不会发朋友圈，所以导致有些新认识的伙伴看了我的朋友圈之后依然不太能够理解，便问我："罗老师，你到底是做什么的？我在什么样的需求下找你呢？"

你看，如果你的个人品牌标签不突出，别人就无法理解你的定位，他们的需求就很难被激活，也就很难助力你获取收益。所以，首先你要把朋友圈的布局做好。朋友圈布局中有四个关键因素，即头像、昵称、朋友圈封面以及个人标语。

2. 头像需要和职业定位相符

头像是朋友圈里天天会被人看到的个人标志，所以一定要给自己准备一张高清照片，而且要和自己的个人定位相符。

比如，我是做职场相关主题的，那我的头像就需要有商务感。

有的学员是医生，那她的头像就应该有白大褂要素，体现职业特征。

如果是做身材塑形的，那就需要展示自己好身材的照片。

切记，不要把宠物照片、虚拟头像或者风景照片用作头像。一定要用出现自己正脸的照片。因为脑神经科学研究发现，大脑中有特别擅长识别人脸的镜像神经元细胞。如果你的正脸头像经常出现在社交平台，就会增加被人记住的可能性。

3. 昵称需要简洁好记

一般来说"昵称＋标签"的形式比较能够凸显自己的定位。

如果你的定位是职场方向的，我建议用自己的真名。如果你的定位是提供法律、设计、财务等专业方向的，可以用律师、设计师等职业身份，如劳动法张律师。如果你的定位是父母养育方向的，可以起一个有辨识度的名字，如 Apple 少儿英语启蒙。

你的标签会随着你发朋友圈、各种群内的消息时被人重复看见，所以你带有标签的个人名字会一直重复出现，就更容易被人记住。重复 1000 次就变成牢固记忆，植入用户心智了。

4. 朋友圈封面及个人标语

我们在需要了解一个人的时候，往往会先点击他的头像，看一下他的朋友圈。你有没有发现，朋友圈的封面就是一个极佳的展示个人品牌定位的窗口，包括你的照片、头衔、简介、专注解决什么问题。做好这张个人名片，你也可以在微信上将其作为社交名片来展示。

现在朋友圈还有置顶功能，可以置顶放自己的个人品牌故事，或者其他最希望别人看到的内容。这样，新加的朋友就可以通过你的朋友圈窗口快速了解你是做什么的。

但是朋友圈的功能不在于"一见钟情"，更在于"日久生情"。

第 **5** 节

高能朋友圈打造，
用户看了忍不住掏钱

通过以上动作，朋友圈的基本布局就打造好了。但是在朋友圈该发点什么呢？你可能见过很多做个人品牌的人，他们基本上每天发 5～10 条朋友圈，甚至 20 条。你会疑惑，自己每天也要发这么多次朋友圈吗？

1. 摆正心态，以终为始发朋友圈

我相信有不少人和我最开始的心态一样：发太多朋友圈显得太商业化了，怕被人拉黑和屏蔽。

刚开始每发一次朋友圈，都会等着别人的点赞和反馈。如果收不到点赞和评论，就感觉做了无用功。

其实喜欢你的人会一直关注你，不喜欢你的人，你就当他们是路人。

我们真正要吸引的是对我们的知识服务有需求的那些人。

还有一种情况：不发声，不等于不发生。很多学员在报名的时候跟我说："罗老师，我已经在你的朋友圈默默地关注了好久，你讲的我都特别有共鸣。"有个学员报名课程以后，跟我说她每次看了我发的朋友圈都会截图收藏，转发给朋友。

所以，专注在你想帮助的人群。对于不是你目标受众的人的反馈和行为无须放在心上。

2. 朋友圈到底应该发什么

如何判定朋友圈打造得好，成功的标准是什么？我认为是可以让用户自动成交。

你可以发五类朋友圈（见图5-3）：第一类是痛点朋友圈，第二类是案例朋友圈，第三类是干货朋友圈，第四类是审核录取的朋友圈，第五类是生活朋友圈。

图 5-3　高能朋友圈布局

先说第一类，如何发痛点朋友圈。

有一次，在做完咨询之后，我把客户提到的一些痛点发了朋友圈。他在公司里干了很长的时间，就像公司的一个隐形人，濒临被裁员。案例如下：

最近裁员潮滚滚而来，很多人从工作多年的企业"毕业了"。

公司要让你走的时候，从来不会考虑你家有几口人，房贷还有几百万元。

残酷的事实是，你还要继续找工作，再去一家公司继续卷了又卷地加班熬夜卖命。

这次你会学聪明一些吗？

不要被动等待，要未雨绸缪沉淀一份核心知识资产，打造一个硬核知识产品。

永远要记得晴天修屋顶，让自己拥有主动离开的底气和能力！

结果，一个从来没有见过面的朋友私信我说："罗老师，我要找你做经验萃取，因为我感觉你在朋友圈里说的那个人就好像是我一样。"交流之后，她马上就报名参加了我的课程。

她说，自己在一家地产公司工作了快10年，一直都在做文员助理的工作。房地产形势下滑，公司通知她离开的时候，她还没有出月子。她当时看到我的朋友圈，被完完全全地戳中了痛点，便马上采取行动。可见，有时候一个人的痛点其实是有典型性的，你发的这个客户的痛点可能就击中了另一个人的内心。

如果你还不会发痛点朋友圈，那你一定要先梳理你的客户痛点场景。每一条痛点朋友圈对应一个客户痛点，朋友圈很容易带来成交。

第二类是要发审核录取的朋友圈。我对每个审核通过的学员都会发一条朋友圈：他们的身份是谁，为什么要报名，然后加一句自己的录取理由。这类朋友圈要记得配图，包括成交截图、产品海报等，评论区可以发送行动指令。示例如下：

【晶萃计划】审核通过 +1

我们晶萃计划的学员真的太优秀了！麦肯锡战略顾问也来学习经验萃取！

Colin目前在麦肯锡负责千万级的战略咨询项目落地，已经拥有这么强的背景了，为什么还需要做个人经验萃取呢？

他说，希望自己能够找到自己个人优势中的核心竞争力，沉淀一套高价值的知识体系，储备个人的能力护城河。

因为除去公司的显赫背景，个人真正的核心竞争力才是可以伴随始终的！

期待你在晶萃计划中沉淀自己，成就他人！

这类朋友圈消息要达到的效果是，让潜在用户看到你目前做这件事是收费的，拒绝白嫖党。而且，你有一套自己的招收学员的标准，不是什么人都会录取的。同时，这也在展示你做个人品牌是有结果的，而且在持续变现的过程中。

第三类是学员成功案例的朋友圈。即你的学员拿到结果了，跟之前比有进步和改变。发这类朋友圈消息，可以让别人看到你是有能力带大家出结果的。

这类文案可以参考这样的结构来写：曾经的痛苦状态＋现在的理想状态＋行动指令。描述曾经的痛苦和现在的理想，对比鲜明，说明学习效果显著。行动指令可以让潜在用户看到后快速采取行动。示例如下：

【创课计划】学员报喜＋1

徐大侠自从萃取师＋创课计划毕业后，简直开挂了。

自己第一次发售成交大师班，就全部满员，成交近20万元。很快就实现了我当时给她定的小目标，先赚个20万元，接下来就是百万元目标啦。

现在她把这套萃取出来的成交方法论运用在学员身上，带学员创造了35万元的业绩！真是太牛啦！

徐大侠说，这种独立做课的成就感真是无与伦比。感谢萃取让她找到自己的最强能力——成交能力。

有了自己的成交方法论，有了自己的高客单产品，她自信了很多，再也不用默默无闻地隐身在某个平台了。

你如果想和徐大侠一样轻松创业，轻松带学员出结果，就请咨询创课计划。

第四类是干货朋友圈。干货朋友圈要围绕自己的定位做一些价值输出，无论是专业价值还是情绪价值，都可以让用户从你的朋友圈里获得营养。

发这类朋友圈消息的目的是体现自己在定位领域中的专业性，可以讲一些思维认知上的误区，或者对目标用户有颠覆性的观点。比如，我曾经发过一些高客单产品百日谈，每天写一条对于高客单产品的认知干货，然后就有好几位朋友慕名学习"创课计划"，几万元的成交费几乎毫不费力。示例如下：

【知识工作者赖以生存的生产要素】

德鲁克很早就指出，我们现在都是知识工作者。

知识工作者赖以生存的资源是什么？

不是雇主提供的办公场所和条件，而是你可以随身携带的知识资产，包括你对某个领域认知的一套知识体系，有可视化的知识模型、操作流程、实施工具和成功案例实践。简称名道法术器。

那么，谁没有积累好自己的知识资产？

答案是天天很忙的人，一天到晚加班的人，没有时间思考的人。

没有资产的人很可怕，一旦离开公司，就会觉得自己一无所有，不知道拿什么出来谋生。

而有意识地积累自己知识资产的人，在职场可以屹立不倒，副业随时启动！

第五类是生活朋友圈。比如，每日早起问候语、读书、健身、学习、全家人的幸福生活等，简单说就是你的潜在用户的理想状态。你分享自己的状态，特别能够吸引那些想和你一样的人主动靠近。很多学员对我的旅行办公生活非常向往，他们说，希望和我一样，能够早日摆脱朝九晚五的工作，实现自由办公。

需要注意的是，发生活类朋友圈消息的要点是不要假装美好。我特别不喜欢弄虚作假，比如特意去五星级餐厅吃顿饭来摆拍，这样做没有意义。

你也不要天天晒自己的美好生活，晒多了容易引起副作用。

其实金钱的本质，就是一种能量的流动，从低能量的那里流向高能量的那里。朋友圈就是你个人的能量场，只有建设好高能量的朋友圈，让人看了赏心悦目、有成长有收获，你的个人品牌才能随之建立。

总结一下，在产品设计完成后，你要做好朋友圈布局，每天至少发 5 条朋友圈，持续不断地建立信任感，用户一定会对你"日久生情"。

第6节

个人品牌故事，
一条朋友圈带来 17 万元营收

前面讲的是对朋友圈的日常运营，适用于日常发朋友圈的内容规划。但是如果你要做一次批量化的成交动作，有个秘密武器必须教给你。

我发现不知道从什么时候开始，个人品牌故事成为做知识 IP 的一个标配。我自己在首次发布个人品牌故事后，成功开启了第一次产品发售，收款 17 万元。尝到甜头以后，我觉得这真是个体营销史上的一个伟大创举。

为什么这么说呢？

在奇普·希思兄弟的经典著作《让创意更有黏性》一书里，提到了传播力最强的载体当属故事无疑。因为故事有悬念、有大量细节、很可信、包含情感、能够促进行动。人与人之间缩短距离、建立信任最好的方式就是一个自我介绍的故事。

之前我们提到，成交取决于三要素——需求、信任和预算。而个人品牌故事是建立信任的最有效手段。

这节将向你讲述我的个人品牌故事，我把它发在朋友圈，不但收获了600 个赞，还开启了产品发售的序幕。

1. 产品发售前，信任需要铺垫到位

你开发好一个知识产品后，需要做一次正式的产品上市活动，同时向朋友圈公告你现在转型做个人品牌了，欢迎大家围观，见证你的成长故事。

你不要急着卖产品，而是先把你的个人人设立起来，待信任到位了，成交就是顺其自然的事情。

信任是品德和才能的函数。品德包括诚信、动机、对人的态度。才能包括能力、技巧、成果、资历。这两者同等重要。

你在工作生活中，可能已经是一个具有很高可信度的人。但是在维护个人品牌的时候，你仍然需要向他人集中展示你的可信度。展示内容既包括你的品德，也包括你的能力。

通过这种仪式，你可以正式告诉别人，你现在开始做一件什么事，定位是什么，从而成功引起你私域里好友的关注。

2. 个人品牌故事的结构和示例

写个人品牌故事旨在回答以下问题：

（1）你是谁？

（2）你经历过什么黑暗时光？

（3）你怎样冲破围栏获得成长？

（4）你淋过风雨，现在想帮助哪些人？

（5）你能帮别人解决什么问题？

下面以我的个人品牌故事为例进行说明：

我的蜕变之路——从一名普通打工人，到成为日薪五位数的企业顾问和培训师

年后很多朋友咨询我是怎么实现职业转型的，在此，我想把自己的自由职业生涯做个记录和总结，希望能给身边的朋友带来一些帮助和启发。

第一阶段，迷茫无助。

2006 年，我从东财会计学专业硕士毕业，并通过了中国最难的考试之一——注册会计师 CPA 考试。按照道理说，这么好的学习背景，从事与财税、投资、金融相关的工作应该是大有"钱"途。但是我发现，我并没有在财务工作方面做到得心应手，反而感觉处处受束缚。与财税相关的法规、政策、规章制度，条条框框太多，无法让我享受这种工作。当时我看了大量的文章、做了大量的测评。我想认清自己：我到底喜欢什么？我能做什么？

直到有一天，我盘点了自己在工作经历中的高光时刻，发现我的关键词是"学习、分享、创造"。所以，我的最后一份工作是跳到一家知名的财务培训公司做产品部负责人。培训工作让我感到非常得心应手，让我充满了激情。这才是我真正热爱的工作啊！

但是，高速成长的民营企业中，对员工的投入度要求是非常高的。2015 年，我生完大女儿，还没休完产假，就被要求回到公司上班。那时候，公司让我负责一个线上培训的新项目。为了尽快把线上平台的内容充实起来，我拼命加班加点，结果身体没有恢复好，我就得了一场肺炎住院了。接下来的一年时间里，由于经常加班，我很焦虑，我觉得自己的身体也快崩溃了。有一次，在乘地铁时我晕倒在冰冷的候车厅，那是我第一次感觉自己可能会猝死。我觉得如果再这样工作下去，我可能熬不到公司分股权上市的那一天，身体就废了。我不能再这样下去了，一定要想办法改变。

第二阶段，寻找出路。

2016 年，由于我在培训公司工作，可以接触很多专业的培训师，非常羡慕他们可以很好地平衡工作和生活。我希望有一天自己也能够成为自由职业者，所以我就花了 36000 元学习 CIPMT 的国际职业培训师。当时这费用可接近我两个月到手的工资啊！但是，为了能够有朝一日摆脱"996"的工作，我还是咬牙报名了。

有句话说，要进一个圈子就得交门票。果然这 36000 元的门票超值：

一方面，我如饥似渴地学习如何成为一名专业的培训师；另一方面，我结识了一大群圈内非常知名的导师，还有很多校友。这些都是帮助我日后走上职业培训师道路的贵人啊！

第三阶段，突破难关。

虽然我在企业里开发过很多课程，但是说到给别人讲课，我一次都没做过。我就想：我到底能讲什么课呢？当时我的工作中，很大一部分职责是把很多优秀高管的实战经验开发为一门实战课程。于是我想：我能不能找机会给别人讲讲这个主题？

恰好当时千聊平台刚开始建立，我在讲师群里捕捉到了一个商机，就是：他们很希望老师们去千聊平台开课，但是又担心老师的讲课质量不行，影响听众的体验和使用反馈。所以，我当时就私下联系了群主，跟他介绍了我的身份，以及我希望讲的主题。没想到对方非常感兴趣，于是就有了我人生中的第一场线上公开课。让我没想到的是，他们一发推广，居然来了 2000 多人！

第一场千聊的线上公开课我没有露脸，只能发 60 秒语音，但是由于我准备充分，学员听完给了我很高的评价，这让我感到非常惊讶和震撼！原来，我也可以帮助到很多人！

在这次线上公开课中，我获得了很多信心：我有市场价值，同时对别人有帮助。所以，我开始坚定信心，要把这个能力提炼为我的核心能力，去尝试走市场化之路。

第四阶段，开启创业。

恰好在这一年，"经验萃取"开始成为培训界的新概念。学习和研究后，我发现这和我在培训公司做的课程开发在本质上是一样的！二者都是把个人隐性的经验显性化，通过访谈、提问和梳理把个人的优秀经验输出为面授课程、线上课程、案例或者 SOP 工作手册等形式。当时，华为这样的标杆企业开始逐渐重视内部经验的萃取和沉淀。经验萃取作为一种新的学习技术，被推上了培训界的风口。

　　站在这个风口上，我开始接到很多经验萃取方面的单子：帮助企业、银行、保险公司做经验萃取，让优秀经验得到推广和复制，让新员工可以快速上手，提高业务效率和工作质量。在一些项目里，甚至通过销售冠军的经验萃取和推广复制，实现了业绩翻番！这让我感受到经验萃取的魅力和巨大的价值，我更加肯定了自己所选的方向是一个非常具有商业价值和社会意义的道路。

　　通过2～3年的努力，我把自己的经验萃取业务打磨成形，并且申请了国家版权局的注册登记保护。我的服务以"简单、有效、出结果"得到了很多500强企业、银行的认可和推荐。我在这个市场中存活下来，成为一名靠自己的才能吃饭的培训师。我的课酬也从一开始的五六千元，一路涨到了五位数。我还成为多家企业的常年培训顾问，其中一家公司经我辅导搭建培训体系，两年后成功登陆A股上市了！这种成就感真的无与伦比！

　　同时，我在千聊、喜马拉雅等平台上开设系列公开课，吸引了很多天南海北的学员。他们有的做婚庆公司，有的做养老服务，有的是中学教师，还有的是儿童心理学家、电视台的制片人，等等。我发现一个现象，就是这些在自己的工作岗位上做得非常出色的专家都非常渴望能够把自己的经验系统化地输出为课程，一方面可以总结沉淀自己的经验，另一方面可以帮助更多需要的人。

　　但是他们遇到了共同的问题，就是不知道课程应该如何开发，怎么把自己脑子里非常丰富却缺乏逻辑的内容做成体系化的课程，让学员学完就能够快速上手并产出结果。

　　我通过课程开发私教服务，帮助很多人成功地开发出自己的课程，从而走上讲台，开启了兼职讲师的职业生涯！很多人拿到了变现的结果，与我自己讲课相比，这带给我更大的成就感。我感觉自己的生命变得很有意义，我能让更多优秀的个体发光，让优秀的经验得到推广、传承。

第五阶段，持续转型。

2020 年，新冠疫情导致全国停课停学，所有的学校教育全部在线化。我敏感地洞察到一个需求，就是以前很多企业培训的讲师全都没有课上了，但生活还要继续，我是不是可以借助过去自己的线上课程开发经验，帮助很多老师将自己的线下课程转化为线上课程。于是，我快速地推出一个 21 天在线课程开发训练营，帮助学员在 21 天内快速产出一个在线课程。这个训练营在 2020 年疫情最严重的时期开展了 4 期，赋能了近 200 位想转型线上的培训师，口碑爆棚。

疫情常态化之后，我对企业端的服务也做了线上转型，开发了一系列线上服务。比如在线的专家经验萃取与案例开发，在线的经验萃取与课程开发，在线的经验萃取与标准化流程萃取（SOP）服务，从而帮助企业沉淀自己的最佳实践，缩短人才培养周期。

从总体上说，我的业务并没有受到疫情的影响而出现大范围的波动，反而创造了更多在家工作的时间，减少了出差外出的成本和风险，也更好地平衡了工作和生活的关系。

回顾自己从转型前那种焦虑、迷茫、不知所措的状态中走出来，直到今天我有了自己的核心产品和服务，并且坚持线上线下两条腿走路，我也算个体创业成功了。接下来，我希望把自己的这项能力赋能给更多有才华的个体，帮他们找到自己的经验优势，把自己的经验打造成可变现的知识产品，让他们像我一样实现人生的华丽转型。

3. 邀请朋友圈的目标用户给你点赞

个人品牌故事相当于个体创业的一封公开信，你可以通过群发的方式邀请你的微信发友给你点赞。

这时候受众开始建立一种对你更加正式的认知，关于你的身份、你现在做的事情。认真看过你的个人品牌故事的人，一般都会受到触动，他们可能会回复你一些话，为你鼓励、点赞、支持等，有不少人还会表示想咨询你，等等。

这样你就可以筛选出谁是你身边比较亲近的人、可信任的人。你可以邀请这些人加入你的微信群，成为你的首批听众。

比如，我曾经制作了一条个人品牌故事的消息，然后群发到微信中，并邀请所有人点赞。结果，一共收到了近600个赞，我把感兴趣的人都邀请进群，开展了为期三天的直播分享。

很多人听了我三天的直播，看到我的成长和进步，也纷纷排队报名，希望咨询我相关信息。这个时候，你其实是在做批量地筛选需求、搭建信任，这就是互联网线上运营带给我一些神奇的效果。

第**7**节

批量成交法，
打造爆款知识产品

当你有产品的时候，你知道该怎么促成成交吗？很多人有销售卡点，担心自己没办法成交目标客户。以前，我也是一个特别不好意思提钱的人，一提到钱就浑身难受，不知道怎么去开口收钱。

但是，我在第一次做群发售的时候，为什么就能够成功打破金钱卡点，实现批量销售呢？

这节我将向你拆解如何通过批量成交提高销售势能。要知道，最后成交靠的不是营销话术，而是满满的信任感和被强烈激发的需求，以及一个强大的场域。

1. 三天直播拉满信任

第一天，我讲的是自己如何通过三次主动转型，才找到了自己擅长的方向。做自己喜欢的事情带给人的成就感和自信是无与伦比的。

第二天，我分享自己如何利用职业优势，在职场中努力学习和沉淀的历程。在离开职场之前，我就拥有了能够独立开展个体创业的知识资产。

第三天，我重点分享自己转型成功的经历，点明经验萃取是助力我转型成功的核心关键能力。

三天的直播内容层层递进，其实这就是我自己成长经历的详细解读。当时我的思路是，用三天讲解自己通过经验萃取实现自由人生的故事，然后告诉大家每个人都可以实现自由人生，既然我能成功实现转型，那么你也可以，你是可以复制我的经历的。

三天的在线直播让我很惊喜，观看人员每天的观看时长都超过了 30 分钟。很多人说，他们被我的分享鼓舞了。这三天的分享我只是真诚自然地分享自己的成长故事，就能够打动很多人。

2. 牛人说你牛，比你自己牛更重要

在三天的直播分享中，我邀请了两位特别优秀的嘉宾和我连麦。第二天连麦的嘉宾是一位 500 强的电商销冠铁军教练华华老师，第三天连麦的嘉宾是我的前同事——现在的 3E 女子创业学院的李许珊珊老师。

华华老师是我在泽宇咨询认识的同学，特别优秀。她身上的这种冠军思维和冠军势能特别感染我。后来我们成为好朋友，她还在第一时间答应为我的直播连麦助力。

我列了一个访谈提纲给她，采访她为什么要从阿里离开，拿着大厂的百万年薪不好吗。华华老师的分享特别有感染力，她提到自己虽然给公司创造了惊人的业绩，但是身体也垮了，累到几乎休克。

她发现，公司不会让有才能的人一直做下去的，KPI 年年涨，她觉得自

已看不到希望。所以，她在离开职场之前充分地未雨绸缪，积累了足够的资源和能力，就果断开始创业之路。华华老师的分享与我当天的主题高度吻合，引起了听众深深的共鸣。

更让我感动的是，华华老师在直播间为我站台，帮我卖课程。她说："如果你们也想萃取自己的经验，实现自由人生，那一定不要错过罗老师，赶紧下单购买罗老师的课程。"我当时很受震撼，我几乎说不出口的话，华华老师就这么坦荡、卖力地为我宣传。我一下子就放下了心理的包袱，也敢于要求付款了。

第三天连麦的是李许珊珊老师。为了和我连麦，李许珊珊老师先和我讨论了内容大纲，又发了一篇公众号文章，在公众号里预约了直播间。除此之外，她还非常细心地教我设置直播间，把我的直播间和公众号进行绑定。

当时我的商铺还没有申请下来，如何让学员看到我的产品介绍呢？李许珊珊老师又教我发了一条公众号消息，方便学员在直播间点开公众号看到产品介绍。

在当天的直播过程中，李许珊珊老师和我的互动非常自然，因为对我特别熟悉，她对我的信任可以说做到了极致。在进行产品讲解的时候，她也为我站台。李许珊珊老师说，她也想报名我的创课计划，当下就拍了两个审核金。她有一句话让我特别感动，她说："你不要因为我们是熟人，就给我优惠。正因为是熟人，我才了解你的为人和你的产品。所以，你不要给我优惠，就把我当成一名学员，该怎么收费就怎么收费。"

在李许珊珊老师的直接带动和影响下，她的四位忠诚粉丝也拍下了审核金，后来这些学员也都下单了。

3. 优秀学员见证，信任再加倍

在三天的直播过程中，操盘手苏局长对我说："你也安排几位优秀学员来分享一下。"我找了两位以前的学员，一位是母婴教育的大 V 张仁凤老师，另一位是外企销售总监 Judy 老师。

两位老师在微信群里用语音的形式分享萃取对她们的启发和帮助。张仁凤老师是我在千聊第一次开课时的学员，在那次课程以后，她开启了知识付费的生涯，不断推出她的训练营课程、图书等，她成为母婴教育赛道里的网红老师。

Judy 是一家外企的销售总监。她具有非常丰富的市场营销和销售经验。参加过我的经验萃取课程后，她产出了自己的一套方法论和课程，在行业内做了十几次分享，成功打出个人品牌。

她们都非常感谢能遇见我并学会了萃取，让她们无论是开启副业，还是成为知识付费的网络红人，都取得了非常卓越的成果。

如果你的学员通过学习变得很牛，他们的分享见证就特别有说服力。就这样，三天的直播＋两场连麦＋两位优秀学员分享，拉满了目标人群对我的信任值。

4. 开放购物车，塑造稀缺性

通过三天的分享，在成交之前，信任就在无形中铺垫到位了。

最后一天，我们开放了购物车，只开放 10 个稀缺名额，引导大家下单，感兴趣的可以直接拍 500 元审核金，仅一天就售完了 10 个审核金。

我对提交审核金的同学优先做了审核，基本上成交都很轻松，因为他们意向明确，只需要讲解产品的交付思路和成果就可以了。我向他们直接收尾款，发放录取通知书。

是不是收完这 10 个人的费用就停止了呢？

事实上，当时我的后台还有 50 张左右的咨询单，这些都是对我的产品感兴趣的目标用户，这个时候我要做的是趁热追销。

5. 朋友圈滚雪球，持续成交意向客户

这个时候，我每成交一个客户就发一条朋友圈消息，讲这位学员的身份、

痛点，为什么报名，想拿到什么结果，从而进一步刺激其他人报名。这成为我在朋友圈营销的一个滚雪球案例。

在滚雪球差不多两个星期后，我又开始放出公告："晶萃计划"即将从 6 月 1 日起，从 4980 元涨价至 5980 元；"创课计划"即将从 15800 元涨价至 18000 元。于是，很多人又赶着来报名。

在第一个月我基本上就成交了 19 个"晶萃计划"和 5 个"创课计划"，一共盈利 17 万元，远远超过我的预期。当时，我做知识创业没多久，第一次就实现了小爆发，这真是非常神奇的事情。

所以，如何让你的知识产品成为爆款，关键在于运用批量成交法。

下面总结一下本节的链路：发布个人品牌故事建立初步信任→把点赞故事的朋友邀请进群→利用三天直播拉满信任→开放购物车营造稀缺性→持续追销打成交电话→晒单滚雪球→利用涨价刺激进一步成交。

这种批量式成交方法源自创意型电商营销大师杰夫·沃克的《浪潮式发售》，在近几年国内的知识付费行业非常盛行。我只不过分享了其中一种发售模型。除了个人品牌发布会的发售模型，还有公开课发售、图书发售、周年庆发售等多种方式。

本章和你分享了如何用批量成交法快速打爆一个产品。但是，你不能天天搞发售，因为发售调动的势能比较高，可以批量成交意向客户，但也会让你积累许久的流量一次性转化完了。而且做发售活动，从筹备期到发售、追销意向客户，需要 15～30 天，对团队的消耗比较大，故不可常做；大型发售一年做 2～3 次就可以了。

那么平时不做发售的时候，你应该做什么呢？

你应该持续性地做高价值输出，打造你的个人品牌，吸引同频的客户到你的私域中来。下一章将和你分享，我保持高效率、高质量输出的秘诀。

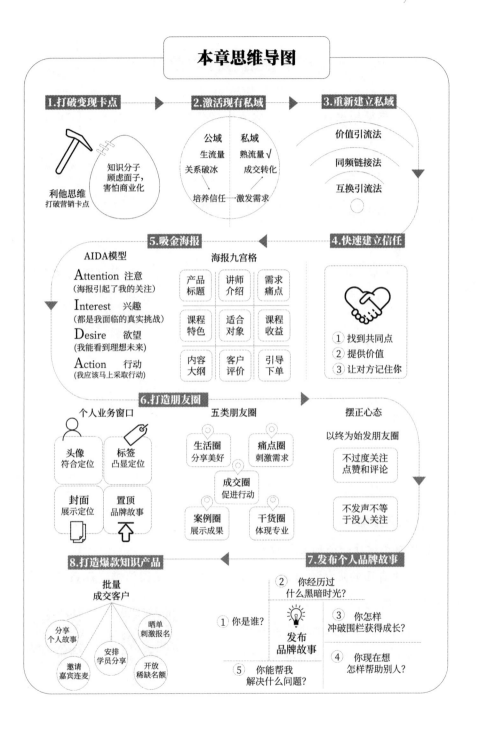

本章思维导图

1.打破变现卡点 → 2.激活现有私域 → 3.重新建立私域

利他思维
打破营销卡点

知识分子
顾虑面子，
害怕商业化

公域　私域
生流量　熟流量 √
关系破冰　成交转化
培养信任—激发需求

价值引流法
同频链接法
互换引流法

5.吸金海报 ← 4.快速建立信任

AIDA模型

Attention 注意
（海报引起了我的关注）

Interest 兴趣
（都是我面临的真实挑战）

Desire 欲望
（我能看到理想未来）

Action 行动
（我应该马上采取行动）

海报九宫格

产品标题	讲师介绍	需求痛点
课程特色	适合对象	课程收益
内容大纲	客户评价	引导下单

① 找到共同点
② 提供价值
③ 让对方记住你

6.打造朋友圈

个人业务窗口

头像
符合定位

标签
凸显定位

封面
展示定位

置顶
品牌故事

五类朋友圈

生活圈
分享美好

痛点圈
刺激需求

成交圈
促进行动

案例圈
展示成果

干货圈
体现专业

摆正心态

以终为始发朋友圈

不过度关注
点赞和评论

不发声不等
于没人关注

8.打造爆款知识产品 ← 7.发布个人品牌故事

批量
成交客户

分享
个人故事

晒单
刺激报名

邀请
嘉宾连麦

安排
学员分享

开放
稀缺名额

② 你经历过
什么黑暗时光？

① 你是谁？

发布
品牌故事

③ 你怎样
冲破围栏获得成长？

④ 你现在想
怎样帮助别人？

⑤ 你能帮我
解决什么问题？

▶ 本章小结与行动指南 ◀

1. 如何获得知识付费的潜在客户？请你列出至少五种方式，并思考你最适合哪一种。

2. 你认为朋友圈对打造个人品牌的价值是什么，你有什么不同的看法？

3. 为什么线上发售能够带来集中的成交效果？请写下你的思考。

🕐 行动指南

1. 给自己设计一个朋友圈封面。

2. 基于自己的定位，每天开始发 3～5 条朋友圈消息，涵盖五种基本的朋友圈类型。

3. 尝试写一个自己的个人品牌故事。您也可以扫描右侧二维码查看个人品牌故事采访提纲及样例。

采访提纲

故事案例

第6章

价值输出，
萃取打造高势能 IP

对于知识 IP 来说，输出力就等于影响力。持续高价值输出，就能持续产生影响力，就可以持续吸引同频客户，实现持续创富。

第1节

日更干货圈，水滴石穿
打造个人品牌

很多人说，做知识IP、打造个人品牌，是不是都要做直播、拍短视频、写公众号文章、写书，不间断地做各种高价值输出？

确实，打造个人品牌是需要长期持续做的事情，不是一朝一夕就能建成的，更不能半途而废。

1. 打造个人品牌的最小必要动作

我曾经问我的个人品牌导师王一九老师：打造个人品牌最小必要动作是什么？老师说，你只要每天写一条干货分享、录制一节日课就可以了。

他最早就是每天在朋友圈写一条关于个人品牌的干货。由于很多人感兴趣，想听他分享，他就拉个群，在群里每天分享5分钟。后来群里的人越来越多，他就在群里发售了第一个个人品牌训练营。再后来，他把这些内容写成了书，做成了系列课。

做朋友圈干货日更，拉群分享，MVP验证，建立口碑和影响力，这些就是最小的个人品牌必要动作。

我曾经有个学员，她觉得自己什么亮点都没有。她只有中专学历，当过7年的幼教老师，是一个特别普通的妈妈。没有什么拿得出手的技能，还能够打造个人品牌吗？她说，能否获取收益，倒不是最主要的，就想让自己活得更有价值感。

我帮助她盘点了经验，发现她的高光时刻是在幼儿园做老师时很善于处理刚入园小朋友的分离焦虑。围绕这个点，她讲了很多故事，都特别有感染力。做这些事情的时候她的能量非常高，一些处理问题的思路也非常有价值。

我说："我先帮你萃取知识体系，然后你围绕知识体系中的内容，每天写一条干货朋友圈，分享你处理幼儿园阶段的孩子分离焦虑的经验。

于是，她开始写起来，每天写一条，写到第十天的时候，她跟我说，有人来找我合作了！

她每天认真写朋友圈，引起了一位朋友的关注，知道她在做幼儿教育方面非常有耐心，也很有方法，于是邀请她合作做一个幼儿活动策划。很多机会就是这么来的。

如果你有才华，却不展示出来，那么谁能看得见呢？你只有持久性地展示出来，才会有人关注，有人链接，你的专业能力才能转化为生产力。

2. 通过百日谈塑造专业人设

我称这种每日一条干货的形式为"每日一萃"。每天萃取一个小问题的解决方案的微习惯很简单，特别容易坚持下去。

有段时间，我坚持写高客单百日谈，然后分享在朋友圈。每天这样写，带来的结果是什么呢？有好多学员主动上门咨询如何做高客单产品，好几个学员在二十分钟内便完成了报名。为什么呢？因为客户看你一条百日谈，可能就会翻看你其他的百日谈，看了几十条，他对你的专业性就基本上认可了，完成了自我说服。

只要有人找你，一般都是带着需求来的，在这样的情况下，哪怕你没有做大型的发售，你也可以通过高质量的朋友圈潜移默化地影响客户，促成成交。下面是"百日谈"案例。

【高客单百日谈 001】

给学员很多干货，是真的对学员负责吗？

很多 IP 对学员恨不得掏心掏肺，把自己学习的东西全都教给学员。

身心灵、文案、写作、商业、线下游学……恨不得列个十来项权益！

但是，恰恰相反，你给的越多，学员越困惑：我到底应该学什么？我从哪里开始学习呢？

你给的越多，是不是交付得越重？

你给的越多，学员是不是越焦虑？越排斥学习，越不出结果？

学员的注意力都分散了，不能在他们最核心的问题上找到解决方案，这是真正对学员负责吗？

在学习这件事上，你一定要给人最少的必要项！

教人健身，能用两个动作练出翘臀的，就别用五个动作！多了，就不想练了。

真正厉害的导师，不是给很多内容，而是给学员这个阶段的刚需内容！

【高客单百日谈015】

如果你明明很专业，却没赚到钱，

那么破除这个卡点，赚钱如潮水。

很多专家想：我要讲透底层逻辑，我要从根本上解决问题。

做教育得从娃娃开始抓起，不然，很多问题到了青春期就晚了！

做教育的你比家长都急，做律师的你比当事人都急。

但是，你会发现没有多少人会听你讲底层逻辑，更没有多少人会学习规划。

绝大部分的人愿意花大价钱解决燃眉之急，而不是花小钱提前做规划。

痛点不够痛，怎么会付费买单呢？

扁鹊擅长治疗重病，他的哥哥擅长治病于未起时。

结果还是扁鹊名气大。

所以，你现在理解了吗？用户感受到的痛点才是真正的卖点，在离收益最近的地方。

用户感受不到痛点，也就没有转化的可能。

3. 百日谈的文案结构

（1）标签：【个人标签 ×××百日谈 001】。

这样写的好处是，能够在朋友圈的众多信息中最醒目，便于别人翻看学习。序号的价值是体现连续性，以及你的持久性、专业度。

（2）用户关心的问题：代表用户提一个他们感兴趣的问题。这样用户就会非常容易自我带入，感兴趣的人就会关注，你讲的问题恰恰是我关心的，我想知道你有什么答案。

（3）颠覆认知的观点：讲用户的错误认知，说明你的独特观点，并举例说明。这是让用户看到你对他们的问题有深入的研究，并且知道其中的问题出在哪里，知道问题在哪里就已经比你的目标用户高明了很多。同时，你要通过举例说明并阐释你的独特观点，让人更加信服。

少就是多，给对方 1 小时的高密度课程内容，不如就一个问题击中他，让他更加印象深刻。

（4）总结：用一句话有力结尾。最后总结时，不需要呼吁号召，不需要做行动指令。只需要总结一句话，简洁有力，让人感觉回味深远。

有些人可能会问，如果要天天写，也没什么可写的，会不会灵感枯竭啊？其实很简单，你要关注学员的问题，站在学员的角度问自己 100 个问题。而且你每天在辅导学员的过程中，肯定会有大量的问题和思考。把这些问题和思考及时记录下来，你就会拥有一个强大的素材库。不要高估 10 天能带来的效果，也不要低估 100 天带来的影响。

那么，这么有价值的素材，是不是只能用一次呢？事实上，你可以将其运用在短视频输出方面。下一节，教你如何"一菜多吃"，充分利用优质素材。

第2节

拍短视频没有素材？
教你"一菜多吃"

短视频是我们这个时代的特殊产物，随着移动互联网的普及，人人都可以是博主，人人都能做输出。短视频平台包括抖音、快手、小红书、视频号等。

对于做新手 IP 来说，短视频不需要一开始就做得非常好，只要有内容输出就行。内容输出不需要重复创造，如果你会写朋友圈，你就会写短视频脚本。这节分享如何将干货朋友圈改写成短视频脚本。

1. 知识类短视频不追求播放量

有很多人喜欢追热点，追求短视频的播放量。事实上，在短视频的爆款品类中，只有写生活休闲、明星娱乐、"吃瓜"事件的主题可能容易火爆，而讲观点、讲干货的知识 IP 顶流老师的短视频，有时点赞数还不如一个情感类博主。

所以，追求播放量，不是知识类博主的目标，更重要的是核心理念、核心价值观的有效传递。我有好几位朋友因为无意间蹭到新闻、生活的热点，一夜之间直播间粉丝暴涨 1 万～ 2 万。但事实上这样招来的粉丝大都质量不高，而且和自己的定位毫不相干，有些黑粉还会在直播间评论区留下负面言论，管理这些"黑粉"特别劳心劳力。

所以，如果你想做精准垂直的领域，就不用刻意追热点，追求短视频的播放量。你要把短视频视作你的个人分身，用户在接触你之前，可以通过观看视频充分了解你。

2. 高质量短视频脚本结构

比较常见的短视频有两种类型，一种是知识类短视频，另一种是剧情类短视频。知识类短视频以口播为主，制作简单，比较适合知识类博主。通常内容篇幅较短，脚本也比较简单。

下面提供一个短视频的脚本结构，用这个结构可以做出很多高质量的短视频，如表 6-1 所示。

表 6-1　短视频脚本结构

封 面 标 题	15 个字以内	标题简洁、一目了然
内 容 结 构	一个价值点	听了这个视频有什么收获
	吸睛、场景化共鸣	开场三秒需要成功引起注意，让人想听下去
	一句话痛点＋经历／故事／例子描述	可以描述学员的常见痛点，导致的结果等
	知识点／观点提炼	分享你的颠覆性认知的观点和举例说明
	引发互动、关注	你是否也想……
	强化记忆、标签	用一句标语强调你的特色
引 导 行 动	关注直播间／下单／联系博主	如果你也想要这种理想状态，或者摆脱痛苦状态，小黄车下单××；发送666 私信领取 ××× 礼物

3. "一菜多吃"，把日更干货变成短视频文案

一起来看，如何把朋友圈文案（见本书"高客单百日谈 001"）改装成短视频文案（见表 6-2）。

表 6-2　短视频结构示例

封面标题	15 字以内	颠覆性认知！知识 IP 越做越轻松的秘诀
内容结构	一个价值点	听懂这条视频，你带学员会轻松十倍，而且学员更容易出结果
	吸睛、场景化共鸣	很多 IP 对学员恨不得掏心掏肺，把自己学习的东西全都教给学员。 身心灵、文案、写作、商业、线下游学……恨不得列个十来项权益！ 但是，恰恰相反，你给的越多，学员越困惑：我到底应该学什么？我从哪里开始学习呢？ 你给的越多，是不是交付得越重？ 你给的越多，学员是不是越焦虑？ 学员越排斥学习，就越不出结果
	一句话痛点 + 经历 / 故事 / 例子描述	我有个学员是做知识 IP 孵化的，她把自己花几十万学费学习到的东西都教给学员，但是好像教授学员的结果没什么变化，这是为什么呢
	知识点 / 观点提炼	因为学员的注意力都分散了，不能在他们认为最核心的问题上找到解决方案，这是真正对学员负责吗？ 在学习这件事上，你一定要给人最少的必要项！ 教人健身的，能用两个动作练出翘臀的，别整五个动作！多了，就不想练了。 真正厉害的导师，不是给很多内容，而是给学员这个阶段的刚需内容
	引发互动、关注	你是不是也很困惑，到底应该怎么设计交付体系，才能让高客单产品交付轻松又能出结果？ 你是不是很想知道，如何设计标准化的交付体系，不但解放 IP 的时间和精力，还能大幅度提升营收
	强化记忆、标签	做高客单就找创课工坊，让你交付轻松，营收倍增
引导行动	关注直播间 / 下单 / 联系博主	私信 666，领取万元高客单产品的设计秘方

一般知识类短视频的长度在 2～3 分钟比较合理，文案长度比朋友圈文案长一些，在 400～600 字。你需要结合短视频的口播风格，加一些口语化的表达，包括举例说明、互动和引导行动的话术等。

第3节

填空题写作法，
1 小时写出一篇干货文章

有个萃取师学员跟我说，自己原先想写公众号文章的，一直不知道如何下笔。经过萃取之后，她一个月连续写了 12 篇文章！她说，输出自由的感觉太好了。

为什么萃取对文章写作有巨大的帮助呢？因为萃取的过程就是围绕一件事深度思考，并把方法论做结构化输出的过程。把萃取出的内容写成文章，其实就是把萃取出来的成果写成文章的过程。下面介绍填空题写作法，你学会后很快就能完成一篇高质量的文章。

1. 写文章先搭框架，再填细节

其实所有的内容输出都有一个基本的原则，就是要"先框架、再细节"。框架决定怎么把内容放在正确的位置上。

如果你不知道干货文章应该怎么写，那就去萃取写干货类文章特别好的大 V 的经验，比如刘润老师。

我曾认真萃取了刘润老师的书——《底层逻辑》，发现他的文章风格基本上遵循了同一个架构：开篇提出一个问题，然后讲一个核心观点，整理一个图示化的知识模型，每个模块具体展开，包括论点＋论据＋案例，最后再来个总结。

基于此，我整理了一个干货文章的写作逻辑，如表 6-3 所示。

表 6-3　萃取成果输出为干货的文章结构

文 章 标 题		
问 题 场 景		
核 心 观 点		
知 识 模 型		
模 块 一	具体做法 + 原因理由 + 难点应对	提供工具示例
模 块 二	具体做法 + 原因理由 + 难点应对	提供工具示例
模 块 三	具体做法 + 原因理由 + 难点应对	提供工具示例
金 句 升 华		
呼 吁 行 动		

2. 写作三部曲，产出高质量文章

举个例子，我把本书第 3 章关于早起的萃取经验放进去，会怎么样呢？

第一步，增加文章标题、问题场景的带入，引出核心观点和吸引人的亮点，这部分解答了文章对读者"与我何干"的问题。

第二步，我把已经萃取出来的知识模型和解决方案放入表格，这就是"名道法术器"的部分，同时带上举例示范，才能让读者一目了然，知道自己可以学习到什么具体的方法论以及如何应用。

第三步，补充自己的成功心得感悟，再加一句金句升华，或者呼吁行动。

当然，文章结构不一定都是固定的，你可以根据自己的行文风格进行调整，如表 6-4 所示。

表 6-4　萃取成果输出为干货文章结构示例

文 章 标 题	如何身心愉悦地早起 100 天，实现个人跨越式成长
问 题 场 景	许多人梦想能够以健康的方式开始新的一天，但早起锻炼和看书却成了难以克服的障碍。 即使你知道早起锻炼或看书对身心健康有好处，实现早起却是一个艰巨的任务。

续表

问题场景	你有没有经历过，按掉三个闹钟后，勉勉强强起床，却根本没有时间从容地吃一份早餐，着急忙慌地送孩子上学，自己再去上班工作，感觉每天早上就跟打仗一样，混乱地开启了一天？ 每天都想着"明天我要早起一点"，但是要么因为晚上睡觉太晚，睁不开眼；或者不知道早起做什么，导致就算早起也没什么成就感；偶尔早起，也很难长期坚持
核心观点	我曾经是一个起床困难户，每天闹钟响了三遍我也起不来。自从创业以来，我不用想着上班了，但是依旧没有把早起变成习惯。 有一次我读了《早起的奇迹》——这是一本非常有能量的书，让我领悟到掌握了一个早起的人可以有效掌控自己的人生。 每天早起后的一小时，会影响到自己的身心状态和一天的工作效能，于是我再次把早起作为一项重要计划。 看完书的第二天，我便比平时早起 1 小时。我冥想了 10 分钟，锻炼了 20 分钟，看了 30 分钟的书。这段时间是完全属于我自己的独处时间。没有任何干扰，我可以做我想做的事情，读我想读的书，通过瑜伽缓解我的颈椎疲劳——身体感觉非常舒服，然后这一整天都特别高效。我真的非常期待第二个清晨、第三个清晨
成功案例	当我连续践行早起 100 多天以后，我的生命发生了很多奇迹般的变化。月营收突破了 20 万元，整个人的健康状况大为改善，能量状态也更加积极。我看了几十本书，每天都活得非常喜悦、积极、正能量。 我想有必要总结这段早起的心得，既帮助自己，也帮助更多人，更好地开启早起的奇迹，打开自己生命的无限潜能
知识模型	我发现，能够做到坚持每日早起，有三个重要的成功因素：动力、体力和耐力。我总结了一个每日早起的公式： 每日早起 = 动力足 + 体力够 + 耐力久 下面拆解具体的做法，学会之后，你也能够轻松地实现身心愉悦地早起，而且每天都希望来一次
模块一 具体做法 + 原因理由 + 难点应对	怎么做到早起动力满满呢？ 第一，打开意愿开关，让自己动力满满。 具体做法：每天把你最想干的事情安排在早起阶段：这样你就一点也不想错过早起的时光了。比如，我最期待的事情是： （1）安静地读书； （2）锻炼身体半小时； （3）给家人做营养早餐。

模块一 具体做法＋原因理由＋ 难点应对	常见问题：很多人为什么早起困难？ 因为没想清楚为什么要早起，没有动力。所以，解决方案就是要把最喜欢、最有能量的事情放在早上来做。你千万不要把最不想干的事情放在早上，否则你早起会充满挣扎感
模块二 具体做法＋原因理由＋ 难点应对	第二，打开身体开关，让自己精力满满。 我发现如果睡眠不足，其实还是很影响早起的。因为人是有生物钟的，如果你打破了这个生物钟，身体也会出现异常。 （1）23 点前睡觉，保证睡眠充足。 （2）醒来即下床，洗漱、喝水、静坐、冥想。 （3）中午 12 点半到 14 点午休。要让自己睡眠充足。 常见问题：我发现有些日子我起不来，是因为晚上工作太晚或者看手机导致睡觉太迟。所以，我就设置了"10 点半提醒休息"，并且把手机设置为"健康使用时"。为了避免睡前看手机，我一进房间就会把手机放在桌上
模块三 具体做法＋原因理由＋ 难点应对	第三，打开耐力开关，让自己激情满满。 （1）找美图＋能量语，自我激励。 （2）计数发朋友圈、发群，自我暗示。 因为发美图、美文，自己的心情状态也会更加积极。每天看到这种积极的文字，我自己就会有能量，也愿意分享给别人。而且每天坚持发，就为自己营造了一个积极人设，自己也不想打破了。 常见问题：有些伙伴不好意思发群、发朋友圈，怕自己坚持不了，被人笑话。其实，没有人会在意你今天发没发，重要的是让自己看见自己的成长
金句升华	人生最大的奇迹，就是成为梦想中的自己。 在每天早起的 1 小时中，通过冥想可实现身心协调，通过阅读可实现认知提升，通过锻炼可实现体能改善，总之，通过坚持提升掌控感，不但自己的能量高了，家人和孩子也会是完全不一样的状态。出门见客户，和学员交流，都带着积极正面的状态，特别容易坦诚相待。于是，在日复一日的坚持中，你就会成为不一样的人
呼吁行动	期待你也能加入我们的早起社团，在早起中成就你的美好人生
海报二维码	（若有活动招募，可以放在文章最后）

通过这样拆解，你是否发现写文章就像做填空题一样轻松了呢？其实，无论是哪一种输出形式，只要整理清楚结构，填写内容就都变得简单了。

第4节

快速写直播稿，构思 20 分钟直播两小时

对于知识 IP 来说，内容产出不仅是写文字和做视频，更重要的是要通过直播完成信任度的可靠建立和成交转化。

直播有很多类型，目的不一，则形式各异。常见的直播有分享型直播和销讲型直播，还有的是混合型的，既做分享，又有销讲的内容。对于知识类 IP 来说，内容输出是直播非常重要的内功，内容输出既包括价值观输出，也包括干货价值输出。

很多新手 IP 不知道开直播要讲什么，其实新手 IP 刚开始只要做好纯分享型的直播就可以了，培养了一段时间的用户好感度和信任度，在拥有一定量的粉丝基础上，再做销讲型直播。下面重点讲述分享型直播。

1. 分享型直播的选题来源

分享型直播就是围绕自己的定位持续性地做价值输出。你可以自己播，也可以邀请人进行连麦对话。自己播的话，你可以围绕听众关心的话题，设计一系列的主题，既可以讲和定位相关的话题，也可以讲一些比较感性的话题。

比如，如果讲和转型相关的话题，我就会列出目标用户最关心的问题清单，或者邀请这些人提出问题，我在直播中回答。问题清单如下：

（1）转型的本质是什么？

（2）想要做转型，需要做好哪些准备？可能会遇到的风险有哪些？

（3）想转型，可是不知道如何找到适合自己的转型方向。

（4）在什么情况下应该考虑职业转型？

（5）如何评估自己是否适合职业转型？

（6）职业转型需要做哪些准备？

（7）计划职业转型需要多长时间？

（8）如何选择适合自己的新职业？

（9）职业转型需要学习哪些技能？

（10）如何处理职业转型过程中的不确定性和焦虑感？

（11）职业转型对个人收入和职业发展的影响如何？

但是，如果你想把问题设计为直播主题，你就需要设计好标题——在标题上突出痛点和收益，以引发用户对直播主题的兴趣和关注。比如：

"转型的本质是什么？"可以改成"帮助100+人转型后，想带你认清转型的三个本质"。

"如何评估自己是否适合转型？"可以改成"转型千万别冲动，教你评估自己是否适合转型"。

如果想讲感性话题，那么下面这些感性话题可供你参考，你可以提前准备很多故事用来与用户互动。

（1）让我瞬间清醒的五句话。

（2）自卑的人都会这样说，期待你没有。

（3）从不活在别人的期待里，我只想成为我自己。

（4）敢不敢用一年改变自己，赢得一生红利。

（5）打造个人品牌以后，我活出了真正的自己。

……

2. 分享型直播的框架结构

这里需要特别说明的是，直播和讲课不一样。讲课的目的是帮助学员掌握知识技能，而直播的目的是输出理念和价值观，筛选、吸引同频的人。因此，讲课一般以知识点消化吸收为主，要写 PPT，要举例示范，要设置练习和辅导反馈；而直播则需要以价值观输出为主，价值观输出最好的方式就是讲自己或者他人的故事。

我每次做分享型直播，从来不写文字稿，都是直接画个思维导图，搭建一级目录，然后针对每个模块用讲故事的结构进行分享。

下面给你介绍一个讲故事的万能结构。

Situation（背景）：这是一件什么事？

Conflicts（挑战 / 冲突）：当时的难点是什么？

Option（选择）：你当时有什么选择？你做了哪些事情？

Result（结果）：取得了什么结果？

Evaluation（反思）：通过这件事，你有了哪些成长或改变？

比如，我要讲一个主题——"让我瞬间清醒的五句话"，这意味着我想通过这五句话来分享我的人生故事，分享我的核心理念和价值观。

每句话都是一个故事，内容包括：当时是什么背景，遇到什么问题挑战，我的内心选择过程如何，我做了什么选择，最终做了什么事情，取得了什么改变。

比如，对我人生很重要的一句话是"我要做自己"。围绕这句话，我分享了一个"我找自己"的故事。

Situation：那是我的第一份工作，我是一名管理培训生，与我同批入职的同事背景都非常厉害，有清华、北大，还有人大的。他们不但优秀，而且特别有主见。我经常感觉自己在他们中间特别平庸，甚至有点自卑。

Conflicts：有位清华大学毕业的同事在一次聊天时说的一句话刺痛我了，她说"我要做自己"。我当时就特别震撼，什么叫做自己？我到底是谁？我除了这份工作，除了是我父母的子女，我到底是谁？那时候我没什么主见，别人让我做什么我就做什么，我也没有什么人生的目标。

Option：这个问题开启了我的自我探索之旅。我当时在财务工作中屡屡受挫，一度有些抑郁自卑。为了搞清楚我自己到底是怎样的人，我到底要干什么，我看了很多书，把市面上能够做的个性测评都做了。我还回顾了我所有的高光时刻，找到了那些我真正有成就感的心流时刻。

Result：我终于有了一个初步的答案。所有测评都告诉我，我可能的优势在学习、分享、创造等领域。我适合做的工作是咨询、培训。于是，我下定决心告别财务工作，便提交了辞呈，前往上海寻找更加适合我的咨询和培训工作。

Evaluation：通过这件事我觉得最重要的个人成长是做自己。没有自己，就会特别人云亦云，随波逐流。寻找自己的过程并不简单，但很庆幸我做到了。做自己是对自己的最大的责任。

故事后面还有其他几句话，是对我人生有重要影响的几句话，我只要讲清楚背景、当时的困难挣扎、解决方案，以及结果和反思，最后引出自己的核心观点即可。

我直播前从来不写逐字稿，只用结构搭建思维导图。不需要在意这类导图漂亮与否，只要提示词能够让自己看懂，便于组织语言就可以了。我只需在开播前半小时，用20分钟列一下思维导图就可以去直播了。

最后，每次你做一场心流直播，就是特别好的素材，千万不要浪费了。比如，你可以把直播精彩内容转发为公众号文章，或者剪辑成短视频，整理成公开课资料，免费分享给学员，等等。

第5节

讲课很简单，
四步法快速做出一门小课

对于知识IP来说，讲课是一项必备能力。丘吉尔有句名言：你能面向多少人讲话，你就能影响多少人。互联网没有出现以前，一般讲课通常只能面对几十人，最多上百人。但是互联网的迅速发展给知识 IP 提供了巨大的便利，你可以通过一场直播影响成千上万的人。

我人生中第一次讲课，是 2016 年受邀在千聊平台做了一堂公益课——《如何把职场经验转化为一门实战课程》。我没有想到千聊平台一下子吸引了 2000 多人来观看这次直播，观众的反馈非常好。这也是我打造个人品牌之路的起点。

一场精彩的课程可能瞬间就圈粉许多人，获得非常多的关注，甚至转化到你的私域，成为你的学员。相反，如果不会讲课，怯于讲课，只能做一对一咨询，你的影响力就会低很多，能够帮助的人也会少很多。

对很多人来说，讲课的困难在于：不知道能讲什么，不知道给谁讲，导致无从下手或逻辑不清、内容庞杂、过于枯燥等。还有很多人，因为不会做 PPT 而对写课件望而生畏。

我在辅导企业 / 个人学员开发了上千门课程后，总结了一套快速做出一堂知识小课的方法论，只要掌握四个步骤，你也能快速写出一门干货课件。

1. 课程定位，确定范围边界

无论做什么输出，定位都非常重要。如果你想写一个小时的直播分享课件，也需要先有清晰的定位。课程的定位包括：

（1）今天的听众是谁？

（2）他们遇到的典型问题是什么？

（3）你的课程能够带给他们什么收获？

有了定位和目标，课程就有了清晰的范围和边界，你就不会信马由缰，越讲越多，或者容易跑题。

举个例子，我有一门非常受学员欢迎的课程是《如何 2 小时高效阅读一本书》。

我的听众是喜欢阅读，但是缺乏有效的阅读方法，导致阅读效率低下的人群。

他们遇到的典型问题是什么？很多阅读者会遇到书读不完、记不住、用不上的问题。

本课程能带给他们的收获是什么？用萃取经典高效阅读五步法快速读完一本书。

2. 干货萃取，输出高价值内容

课程的结构有很多种，最基本的是why-what-how型的课程结构，如图6-1所示。

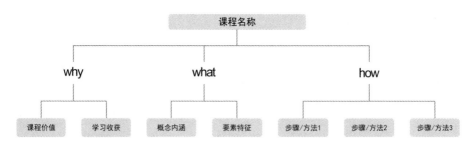

图 6-1　why-what-how 课程结构

why，一般是指课题的价值，讲为什么要学习这门课，包括对学员的收获、价值、重要性等。

what，要介绍清楚课题的核心概念、内容的范围和边界，一般包括概念、内涵、要素、特征等。

how，指具体的做法层面，就是解决方案的部分。本书第4章已经教会大家如何围绕一个主题做解决方案的萃取，此处只是整理清楚步骤方法，你就可以直接应用经验萃取的成果了，也可以根据课题需要再做细化补充。

比如，课程《如何2小时高效阅读一本书》结构如图6-2所示。

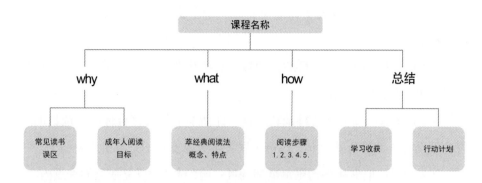

图 6-2　why-what-how 课程结构示例

3. 内容开发，先上干货再上"水货"

先上干货。做课程要准备知识点干货，让学员有可以带走的收获。比如，结构化的知识点、知识模型、工具表单。

再上水货。水货比喻课程素材中偏感性的部分，信息密度没有那么大，包括帮助学员理解课程知识点的图片、故事、金句等。

课程中的知识点要足够清晰简洁，让别人好记好用。很多新手的课件没有让人印象深刻的知识点，所以应围绕一些重要知识点进行提炼，要概念化、图示化、口诀化。

比如说，我打算讲《如何 2 小时高效阅读一本书》的课程。如果我是这样说的，你的感受如何？

高效阅读，需要先明确目的，调整好阅读状态；先看书的序言和目录，评估这本书是否符合你的阅读目的；然后把书从头到尾每页都翻过一遍，你就知道这本书大概讲了什么内容。接下来，你要结合你的阅读目的向作者提问，萃取作者的知识体系。最后，用萃取金字塔整理你从书中提取的问题答案和你的思想笔记，就可以快速完成对本书的阅读了。

这样说完以后，你基本上能理解我在说什么。但是否会觉得不太好记忆呢？

假如我把读书过程分解成五个步骤，每个步骤教你怎么做，你会更加清晰易记。

（1）入书：明确阅读目的，调整好阅读状态，比如调整坐姿，通过深呼吸冥想 1 分钟清空大脑。

（2）评书：看下书的目录和序言，评估本书是否符合你的阅读目的，符合就继续，不符合就放弃，以避免看了半天才发现不是自己想要的书。

（3）翻书：把书从头到尾每页都翻过一遍，对书中反复强调的重点内容、感兴趣的内容折页，速度要快，不要停留。

（4）问书：合上书，结合自己的阅读目的，向本书作者提出"道法术器"四类的问题，再回到书里寻找答案。

（5）还书：根据自己的问题，通过搜索相关主题，提取作者的观点和答案，然后形成自己的笔记和观点，完成对本书的阅读。

因为有了关键概念的提炼，你就会觉得更加容易理解记忆。但是如果将其放在课件 PPT 中，这样的文字显然太多了。

再如，我将其提炼成如图 6-3 所示的一个图形，并且起一个"高大上"的方法论名字，你是不是觉得更加一目了然？

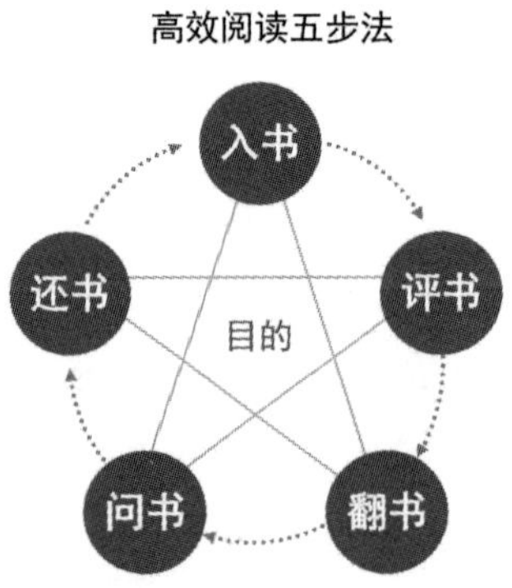

图 6-3　高效阅读五步法

学以致用最大的障碍是遗忘。这样加工过的知识点，学员在读书的时候，就很容易联想起这五个步骤。

4. 善用工具，2 小时完成课件

我发现一些新手导师在写课程时还需要一张一张地编辑美化 PPT，效率非常低。尽管他们这么努力，可做出来的 PPT 美观度依然不尽如人意。

其实，现在的办公软件都特别强大，我们可以运用 WPS 的自动排版功能，先选择你喜欢的 PPT 模板，然后选择"一键排版"，就可以实现整个 PPT 自动化全部排版，如图 6-4 所示。

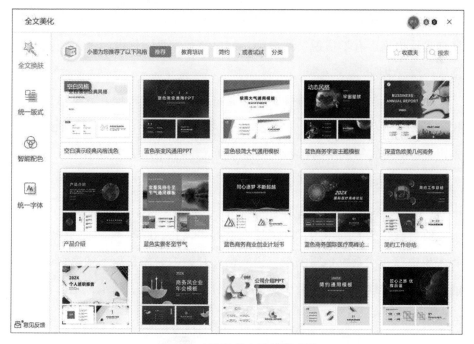

图 6-4　WPS 的自动排版功能

学会做一门小课后，你就会发现自己的输出能力又提升了一大截。你可以尝试录一套系列课，或者开发 1 ～ 2 天的线下课。

第**6**节

极速写书稿，
9天写出10万字

近几年，我做个人经验萃取积累了大量的案例，有很多感悟特别想分享和表达出来。有学员说：罗老师，你应该写本书，你看，个人经验萃取领域还没有书呢。

经过认真思考，我觉得确实有必要将自己的经验整理并分享给大家。我知道，普通人写一本书至少要花上一年半载。我给自己发起了一项挑战：先用直播的形式写成书的初稿——连续9天，写出10万字的书稿。为了让自己践行承诺，我还邀请了500位朋友围观，见证我写书稿的过程：如果没有挑战成功，我会给每个人发红包。

给自己这么大的压力，吹了这么大的牛，我到底能不能做到呢？这是我人生中第一次系统地写书稿，说实话，开始的时候我也不知道自己能不能行。我全力以赴，最终用9天完成了11万字的初稿，挑战成功。我是怎么做到的呢？

1. 先框架，再细节

当你学会了经验萃取，其实写书稿就是一次对自己过往经验的深度萃取，我们仍然需要解决这几个问题：定位、框架、细节。

（1）书的定位。写书稿也是一种输出，因此需要先定位书的写作目标：针对谁？解决什么问题？

（2）框架搭建。我花了一天时间思考框架，把书稿的二级目录写出来，在二级目录的基础上看，书的整体框架就更加清晰了。

（3）细节深挖。写每个章节的时候，我用思维导图把章节标题细化到三级、四级，甚至到五级。这样，书稿的整体结构就比较细了。

2. 先录音，再改写

针对目标——在 9 天完成 10 万字，我想：如果一个字一个字地敲，势必效率很低。所以，我就用了一个办法：对着每章的思维导图进行讲解，通过电脑的语音输入功能直接转成文字。语音全部输入后，我再进行集中改稿（只改文字，标记需增加的素材）。

我的电脑是自带语音输入功能的，如果你的电脑没有这个功能，你也可以下载一个讯飞语音输入法。我讲解的时候，电脑会同步输入文字，准确率非常高，连标点符号都给标记了。学会这个方法，一天写 2 万字都可以。

用这个方法最大的好处是：可以节省一半以上的时间，保证快速录入，而且把核心思想表达清楚以后，再围绕核心思想进行修改、分段、润色是比较简单的事情。

你每天能够完成一两万字的输入，你就有一种写书即将大功告成的感觉，更不可能半途而废了，就想着赶快输出完成。

3. 先干货，再水货

写书稿和写文章、做课程都是一样的，即：先有了想要表达的核心内容、关键知识点，再给书稿内容增加一些配料，包括序、引言、图、表、故事、金句等。

我想：如果一边写稿子一边润色，大脑来回切换会很困难。所以，我要介绍一种我常用的工作思路，就跟画油画一样，先要构图、搭配色彩、处理细节，最终形成一幅成品，如图 6-5 所示。

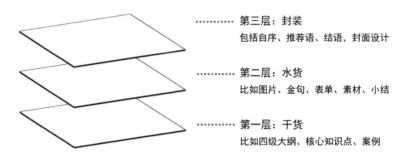

第三层：封装
包括自序、推荐语、结语、封面设计

第二层：水货
比如图片、金句、表单、素材、小结

第一层：干货
比如四级大纲、核心知识点、案例

图 6-5　油画工作法

第一层，你要整理出要表达的核心内容，就是知识结构和核心知识点，这就是指我在 9 天里集中输出的思维导图和每章的文字。这个环节不要加入其他素材，只要是纯文字输出就可以了。在有灵感、有待发挥的地方先做个标记。

第二层，光有干货是不够的，还要有水货。这就像我们吃面条，光给你一碗干面条，你吃不下去，你得有浇头、高汤、青菜、香菜、调料，这碗面才是色香味俱全的。所以，我们还要给每篇文章配图片，加案例，加金句，加表单工具、素材，这样你的书籍内容就会图文结合，非常丰富，阅读体验也会非常好。

第三层，最后给书稿写自序、推荐语、后记，做封面设计等。

当然，写书的初稿我用了 9 天，润色和修改校对，又花了 20 天左右。这样的速度，写出来的书稿是一气呵成的。

通过这一章，你会发现，学会了萃取后，就会轻松玩转各类场景下的输出问题，无论是朋友圈文案、短视频脚本，还是直播、讲课、写文章、写书。而且当你学会萃取了以后，便会发现自己有源源不断的可输出的内容。

本章思维导图

干货圈打造个人品牌

站在学员角度问100个问题

👤 昵称+标签

个人标签百日谈001

- 用户关心的问题
- 颠覆性认知的观点
- 总结一句话金句

→一菜多吃

短视频传递价值观 ▶

封面标题：15字以内，一目了然

一个价值点 听众看视频的收获	场景化共鸣 开场3秒即引起注意	一句话描述 痛点经历故事例子
知识点提炼 分享颠覆性认知的观点	引发互动、关注 你是否也想……	强化记忆、标签 一句标语强调特色

引导行动：关注直播间/下单/联系博主

1小时写出干货文章 📝

先框架再细节

先搭建文章框架，再填写内容细节

填空写作法

问题 场景	核心 观点	亮点 成果
心得 感悟	金句 升华	呼呼 行动
知识 模型	解决 方案	举例 示范

20分钟构思一场直播

直播主题=故事1+故事2+故事3

Situation 背景	这是一件什么事？
Conflicts 挑战	当时难点是什么？
Option 选择	当时有什么选择？
Result 结果	取得了什么结果？
Evaluation 反思	有什么成长改变？

4步法做出一门小课 📈

① **课程定位**
- 今天的听众是谁？
- 典型问题是什么？
- 核心收获是什么？

② **干货萃取**
- why 课题价值
- what 概念内涵
- how 具体做法

③ **内容开发**
- 先干货-模型&知识点&表单
- 后水货-图片&故事&金句

④ **善用工具**
- WPS自动排版
- 一键生成PPT

9天写出10万字书稿 📖

图书

书籍封装

自序、推荐语
结语、封面设计

先框架 再细节	1.明确写书定位 2.搭建章节目录
先录音 再改写	1.对照框架语音输入 2.再用AI修改文字
先干货 再水货	1.输出核心思想 2.增加图片示例等

本章小结与行动指南

1. 知识 IP 持续做高价值内容输出的意义是什么？

2. 你喜欢以哪一种输出方式打造个人品牌？

🕐 行动指南

1. 设定一个朋友圈分享百日谈的输出目标。围绕你的定位，回答 100 个客户关心的问题。

2. 尝试把百日谈文案改写成短视频，每周发 1～2 条短视频。扫码可查看文章及短视频参考结构。

本章福利：扫码获取"如何 2 小时快速做一门课"的视频。

参考结构

快速做课

第7章

经验萃取师，能干一辈子的高薪职业

理想的工作需要自己亲手创造，因为没有人比你更懂自己想要什么样的生活。

第1节

自由高薪的
职业有哪些特征

伟大的投资人查理·芒格说过：每个人一辈子最重要的两件事情是找到一份事业和找对一个爱人。这两者会在 80% 程度上决定你的生活质量。我们从小就接受这样的教育观念：要好好念书，考个好大学，选个好专业，以后找个好工作。

你看，我们都习惯于找工作，而不擅于创造工作。很多人默默接受着一份工作——上级安排给你的任务，很少有人思考过：这是我的理想工作吗？它是否最大限度地发挥我的潜能？我如何亲手创造最适合自己的工作？

1. 描绘自己的理想工作

我在面试学员的过程中，经常会问大家一个问题：你想过自己未来的理想工作是什么样的吗？很多人对我说：罗老师，你这个问题太好了，我都没有认真想过。我就引导他们一项一项地说，说不出来就找一下身边的标杆。

我总结了一下，大家提到的理想工作大致如下：

（1）可以随时随地开展，不受时间空间的限制，能够边玩边工作就最好了。

（2）对于中年人来说，在兼顾工作的同时，能够照顾好家人，实现工作和生活的平衡。

（3）希望自己的工作有意义，既能帮助到别人，又能赚到钱。

（4）希望打造出被动收入，让自己可以早日退休。

这些年微商、保险行业特别火，但是很多职场人在转型时更希望从事富有含金量的工作，他们不希望完全放弃自己过往的经历而重新开始一份事业。我以自己为例谈谈这个话题：我刚转型的时候，当时身边也有一些做微商、直销的朋友看好我，特别想让我加入。引荐我的朋友对我说，她现在即使不工作，一个月也有 5 万以上的收入。

你问我：有没有一点点心动？说实话，那时候我刚出来，收入不稳定，这个说辞对我来说还是有点动心的。

但是，我为什么没有选择这条道路？因为当时我内心对其认同度不是特别高。我不想只为钱而工作，内心对自己还是有期待的。我觉得以我的经验和能力，应该可以走出一条属于自己的道路。即使赚钱没有那么多也没有关系，我只希望拥有自己的个人标签，而不是做只属于某个品牌的产品代理商。

所以，我心目中的一份理想工作应该是什么样的呢？

我认认真真地写出来：

（1）我喜欢这份工作，做这个事情的时候我有心流体验。

（2）能发挥我的优势，我可以轻松地完成这项工作。

（3）这项工作的含金量很高，我会得到很多尊重和认可。

（4）这项工作能让我持续成长，越做越值钱。

（5）行业的生命周期很长。

（6）市场的空间足够大。

（7）只要凭脑子就能干，无须借助其他资源和条件。

（8）这项工作越干越来劲，每天就像给我自己赋能。

（9）不受政策影响，比如教培行业就因为政策调整导致整个行业枯萎。

（10）抗风险系数高，相反，疫情之下饮食、旅游等行业不确定性特别强。

2. 创造自己的理想工作

2017 年年初的时候，我写下了自己的五年规划。我希望五年以后成为具有品牌标签的培训师和顾问，其实当时我还不知道我会走哪个方向。

经过一路探索，五年后我实现了自己的目标，打造出了属于自己的个人品牌，关键是拥有了一个利他、可持续的事业——经验萃取。

我在做经验萃取的过程中非常有心流体验，而且的确能发挥自己的优势。从事经验萃取有一定的专业壁垒，含金量比较高，所以我的收费比较贵。

关于经验萃取这项工作，我越做越有积累，而且和各行各业的专家、精英探讨他们的成就事件、高光时刻，这个过程本身就有非常高的能量，这项工作在点亮萃取对象的同时，我也能学习到很多行业的经验，可以说是双向赋能。

从市场角度看，经验萃取是 B 端和 C 端都可以做的，市场空间非常广阔。更重要的是，经验萃取这个职业不受任何政策影响，我可以一直干到老。而且从事这项工作，只需要我的大脑和一台电脑，办公成本极低，在家就能干。我能够很好地兼顾家庭和工作的平衡关系。

我们终其一生都在追求一种自由又高薪的职业，就像马云说的，叫"事少钱多离家近"。如果在家就能把钱赚了，不用出门还能实现业务的逆势增长，那可真是未来的理想工作。经验萃取满足了我对理想工作的所有期待。

你的理想工作是什么样的呢？

你也可以找一张空白纸写出你理想的工作状态的特征，然后亲手把它创造出来，这样你就能活出真正的自由人生。

第2节
成为经验萃取师，给你的人生带来的 14 个改变

看到这里，我相信你对经验萃取这项工作有了更多了解。我自己非常感恩经验萃取这项工作，因为它给我带来的不仅仅是一份收入。我想和你分享，经验萃取对于我和萃取师学员的人生带来的重要改变，其中至少有一半是你没想到的。

1. 在个人成长方面，成长速度一年抵三年

（1）养成高效的思维方式。十年前的时候，我思考问题总是抓不住重点，容易陷入无关紧要的细节，而想不清楚就说不明白，那时候我的口头表达能力也很弱。现在我已经养成了"先框架后细节"的思考方式，表达输出也更清晰。不少萃取师学员也反复提到，他们借此收获巨大。

（2）具有原创方法论的能力。有经验的人很多，有方法论的人很少。工作经验丰富的人可以通过经验萃取沉淀自己原创的方法论，对外输出会变得轻松和高效。你带着自己的方法论用于跳槽求职、晋升答辩、开发课程或者做分享输出，会具有非常强的竞争力。

（3）具备萃取牛人经验的能力。对于职场中的前辈或领导，以前你可能没有意识到，也没有方法从他们身上获取经验。学了经验萃取以后，你可以巧妙地从他们身上学习经验，还很可能获得对方的认可和嘉奖。

2. 从不断付费学习到收费还能学习，轻松做知识 IP

（1）从模仿复制，到原创知识产品。现在想做个人品牌的人很多，这个市场空间特别大。但是很多人有料倒不出，做不出自己的课程。经验萃取的能力让 IP 始终具备非常强的原创能力。

（2）从输出困难，到高品质输出干货。做个人品牌有个特点，就是你需要有持续不断的高价值输出能力。如果不具备萃取的能力，那么你很快就发现自己的输出能力遇到瓶颈了。而学会萃取，不但可以萃自己、萃他人，还可以萃取经典书课的经验，锻炼源源不断的原创输出能力。

（3）从大量付费学习，到免费学习别人的经验，还能收费。从事经验萃取工作后，萃取师最感慨的便是这项工作太幸福了。通过萃取，学员把他们非常丰富的经验彻底分享出来，这是你到别的地方付费都学习不到的经验。

3. 拥有做管理的利器，菜鸟也能创业当老板

（1）从亲力亲为，到规模化复制团队。如果你是一名创业者或者团队管理者，在不能靠你一个人去做事的时候，把经验萃取出来进行标准化，就可以复制给团队，真正实现解放老板，轻松创业。

（2）从单打独斗，到打造学习型的团队文化。有些创业者跟我说，他们的团队自从开始做萃取后，人人都有机会分享自己的成功经验。而且通过经验萃取，每个人都看到了自己的成长，也能够从其他人身上学习到优秀的经验，从而促进了跨部门的沟通和协作。

（3）改善主管和下属的关系。主管平时习惯安排工作让下属去干，却并不知道下属需要付出多少努力，有时候特别容易"站着说话不腰疼"，很打击下属的积极性。通过萃取下属的工作经验，主管懂得了共情，更加理解下属。

（4）沉淀公司的知识资产。在公司发展过程中，最可惜的是人员流动带来的经验流失。很多公司做不大，根本原因是太过于依赖某些个人的能力。拥有经验萃取能力的老板无须依赖个别优秀员工，随时随地都可以沉淀公司的知识资产。

4. 意外之喜，生活中改善各方面人际关系

人与人之间的关系，最大的嘉奖是看见，最大的阻碍是视而不见。当我们能够真正看见别人身上的亮点，并明确地告诉对方你是多么欣赏他时，一切关系都会变好。

（1）帮助孩子建立自信。为什么很多家庭把孩子养废了，因为家长总是看到孩子的缺点和不足。当你用发现亮点的眼光去培育孩子的时候，你就会发现，他身上全是优点，孩子也会很自信。将来，他有更大的能量和自尊心去应对人生的挑战。

（2）改善夫妻关系。有个女萃取师说，学了经验萃取后，跟丈夫的交流都变得更有深度和更有质量了。以前她看不到丈夫的才华，只看到他的缺点。现在她只要看到丈夫的亮点就去萃取经验，丈夫一定滔滔不绝，被萃取完觉得自己特别厉害。然后她觉得自己的丈夫很优秀，夫妻关系也变得越来越好。

（3）改善与父母的关系。老人年纪大了，就总说自己没有什么用处。其实，年轻人如果能够放下自己的身段，向父母积极地请教问题，老人就会感觉自己很有价值感。学会了经验萃取，你和父母之间也会有说不完的话。

（4）发展有质量的友情。萃取是一种看见。刚认识一位新朋友，怎么能够快速拉近距离？我发现，用萃取亮点的思路找到对方的亮点萃取一下，对方就会觉得很受鼓舞和认可，很容易就发展出高质量的友情。

第3节

百万职业经验萃取师的成长地图

经验萃取师是一个新兴的职业，很多人可能会对此非常好奇：经验萃取师到底如何成长？未来我可以靠做经验萃取获得不错的收入吗？

在本节里，我将向你展现经验萃取师的成长路径图，这绝对是一条激动人心的道路。

1. 萃取师成长路径四大阶段（见图 7-1）

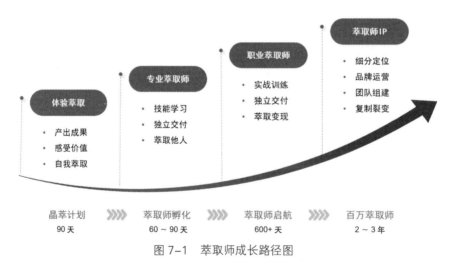

图 7-1　萃取师成长路径图

第一阶段，体验萃取。目标是在萃取师引导下产出成果，并学会萃取自己的经验。这个阶段由专业的萃取师用萃取的方法论帮助你进行个人优势分析并确定经验萃取主题，开展围绕一个主题的核心经验萃取，产出一套属于自己的知识体系。如果你仅仅想自己产出一套成果，学会萃取自己的经验，到这里就够了。

第二阶段，专业萃取师。目标是学会萃取他人的经验。

如果一些学员觉得萃取价值特别大，想进阶学习专业萃取技术，那么可以进入专业萃取师阶段学习。

根据库伯的体验式学习方法，先体验再反思。你有了被萃取的体验，你开始感受到萃取的价值，才会有更强的兴趣探索萃取的底层原理。在 90 天的萃取师孵化营中，导师会安排学员学习经验萃取的系统方法论，并提供大量的实战机会，学员可以围观并参与实战交付。

也有伙伴问我："我能不能跳过萃自己的阶段，直接学习萃取他人的经验？"在我看来，如果你没有被萃取的体验，你很难理解被萃取经验的人的感受和乐趣，也不知道萃取应该达到什么样的深度。所以，萃取师训练营中，也包括第一阶段的学习内容，即萃取自己并产出一套自己的知识成果。

第三阶段，职业萃取师。目标是能够做实战交付，独立接单。如果你想以萃取师为职业发展方向，那么你既要有专业的萃取能力，也需要具有一定的商业能力，能够开发出自己的差异化萃取产品，并且学会开展线上运营，能够获得精准流量并成功变现。萃取师两年的培养周期内，导师会帮助你夯实实战交付能力，再教授你高效变现方法，让你能够轻松接单。

第四阶段，萃取师 IP。目标是能够复制规模化。当你能够有自己的差异化萃取产品，并开发了一个细分赛道，在这个赛道中做出了口碑，拥有越来越多的粉丝以后，你就可以围绕萃取打造产品矩阵，开展规模化运营，朝着百万萃取师的目标前进。

2.什么样的人适合做萃取师?

有些人可能会好奇：什么样的人适合做萃取师呢? 成为萃取师有什么条件?

我在审核萃取师的过程中，重点考察以下的素质和能力。

素质层面:

（1）同理心：在萃取过程中，有良好的共情能力和同理心能够快速取得被萃取对象的信任，顺利打开话匣子。

（2）好奇心：虽然培训机构也提供了标准化的话术，但是在萃取过程中不能只停留在话术层面。很多时候经验萃取就像到矿场掘金一样，地图只能给方向，在哪里下铲子和铲到多深，需要萃取师带着好奇心去挖掘。

（3）利他心：希望帮助对方的愿力很强，在帮助别人的过程中自己有很强的满足感和成就感。

（4）耐心：萃取是一个需要付出时间的工作，在梳理经验和细节挖掘的过程中，是比较花时间的，但也会给学员带来最大启发。所以，萃取师需要有很强的耐心。

能力层面:

（1）有深度倾听的能力。在萃取过程中，倾听和提问是两项基本功。所有的问题都要建立在深度倾听的基础上。倾听不仅包括要听对方说了什么，也要倾听对方在描述过程中的能量、状态。

（2）有准确提问的能力。提问是经验萃取中最重要的能力，问题的精准与否决定了能不能从学员的经验中萃取出有价值的内容。

（3）有文字输出表达的能力。萃取过程中，萃取师要帮助学员梳理表达的内容，这时候萃取师要帮助学员精准提炼概念，用清晰简洁的语言进行表达。

（4）有较强的逻辑思维。萃取的核心是帮助学员围绕一个成功经验进行正确归因，所以萃取过程中不但有聆听、梳理，而且要反复帮助对方做逻辑验证——是否做了正确归因，方法论是否成立。

明白了素质、能力，也有学员会问我："做萃取师，我是不是也要很懂对方的课题？我得有什么知识储备？"

其实，知识层面不是一个萃取师的必备条件。我在上百个行业做过经验萃取，不可能对每个行业都有知识储备。一般来说，萃取师的最佳状态是，你是某一个领域的专家，同时对于被萃取的领域是"一知半解"的状态，就是俗称的"半桶水"。

为什么这样说呢？

作为某个领域的专家，你是知道一个事物成功的底层逻辑的。你对其他领域的专家经验，可以用自己这个领域里的专家思维去分析和解构。

对于被萃取领域的"一知半解"，是指大概知道对方做事的一套流程框架，但是对具体细节又不太清楚，这个时候你最有好奇心，会问出很多高质量的问题，引导被萃取对象阐述自己的成功经验。

3. 哪些人不适合做萃取师呢？

（1）心术不正。做萃取的过程中，职业道德是非常重要的。因为你会通过萃取帮助对方梳理他们的成功经验，但是这套萃取出来的成果，知识产权仍然属于被萃取对象，别人不可以任何形式盗版、售卖，或者将其变成自己的知识产品。一心想要摘取别人的知识成果，心术不正的人不适合成为萃取师。

（2）过分强势。萃取师需要有共情倾听的能力。有些萃取师会特别强势，尤其是在自己的专业领域，特别容易挑战被萃取对象的认知。在萃取的过程中，萃取者如果过分强势，会让被萃取对象不舒服，甚至不想对话，从而导致萃取失败。

（3）思维过于发散。萃取师这一职业对逻辑思维能力的要求非常强，一些平时思维比较发散和跳跃的人，在需要做聚焦思考，引导客户进行逻辑性反思的时候，会觉得很困难，甚至比被萃取对象还要思维跳跃，就很难得出一些有深度的思考和结论。

（4）表达能力不够。对萃取师来讲，有一定的概念表达能力是一种必备能力。萃取者缺乏表达能力，就没办法帮助对方顺利产出成果，并通过书面表达出来。

本节重点分享了萃取师的职业成长路径，以及什么样的人适合成为萃取师，什么样的人不适合成为萃取师。但是成为萃取师后，你未必就从事这一行业，或者说，你未必只能拥有这个标签。你还可以利用萃取这项技术，搭载其他的业务场景，构成一个更富有创意的知识 IP 定位。

第4节
如何用"萃取＋"
打造差异化产品

市面上很多认证课有一个共同的问题，就是标准化培养、批量化生产。这样导致的后果是毕业的学员做咨询或者教练都是标准化的，没有自己的差异化定位。但是很多人没有能力做出自己的差异化产品，于是容易造成同质化竞争，形成体系内卷。

我喜欢经验萃取的一个重要原因是，我觉得萃取更看重每个人的差异性。

我们的目标是让每个学习萃取的人都能够找到自己的天赋和热爱，然后结合自己这个领域的专业优势、资源积累，最终找到自己的细分领域。因为经验萃取是一个非常庞大的市场，在任何一个细分领域你若能做熟做透，至少有千万元的产值。

1. 经验萃取 + 细分人群

有位学员是退伍空军，现在在企业里担任 HR。在和他交流过程中，我们发现军人这个特殊人群做经验萃取和职业辅导的强烈刚需。退伍军人这个人群存在很大的一个痛点是，军人退伍后会发现部队工作和社会脱节比较多，那他们怎么重新适应社会？以前在部队学习的技能还能用上吗？怎么在过去的能力和现在的社会工作之间建立一个更好的连接？

对这种能力的迁移就非常适合用到经验萃取。对于退伍军人，我们可以盘点过去他们的成功经验，梳理他们的突出能力，将其与社会职业进行匹配，然后把过往他们的优秀经验进行萃取，产出一套独特的方法论，从而帮助他们适应未来的社会工作。

而这个定位，市场上能做的人几乎没有。没有几个人像这位萃取师，既是退伍空军，又有做十几年的专业 HR 经历，还懂得职业规划和求职辅导。所以，"经验萃取 + 退伍军人转业求职辅导"，就是一个非常好的个人定位。

还有一位学员提出，希望学习了经验萃取，能够帮助老人丰富退休生活: 让每一个历经沧桑的老人能够沉淀人生的宝贵经验，产出自己的人生作品。特别是知识分子退休以后，日常可能就是养花种草、带教孙子，晚年的生活质量并不高。如果他们能够把自己多年的工作经验沉淀下来，留给这个世界一个自己的人生作品，和子孙后代分享自己的人生经验、独特的方法论，实现家族精神传承，这真是一件特别有价值的事情。

我自己曾经做过非遗传承人的经验萃取。非遗传承遇到的最大障碍就是很多手艺人只会做不会说，导致很多非遗技艺流失，无法实现传统技艺的传承和保留。而经验萃取可以很好地帮助非遗传承人进行工作技能的传承和保留。

2. 经验萃取 + 职能 / 行业

我们的萃取师学员来自各个职能部门和行业，职能部门包括财务、设计、培训、研发、产品经理等不同的岗位，行业包括制造业、互联网、金融、服务业等。

很多萃取师学员在报名的时候，会不约而同地提到，自己的行业中特别需要经验萃取这项技术为同行业的人进行赋能。我自己开设经验萃取师项目，就是希望各行各业的人来学习萃取，并将萃取带回本行业，去帮助本行业做经验萃取，沉淀行业智库。

比如，如果你是一位资深的财务人员，你就可以做财务人群的经验萃取。如果你是设计师，你可以做设计师的经验萃取。等你把这个行业的经验萃取积累了几十个、上百个案例以后，你手中就积累了这个行业的很多智库和专家，你就会成为这个领域的专家，这些智库的价值将会不可估量。

所以，如果你想从事萃取工作，你可以从你熟悉的行业和人群开始，比如从自己的公司、自己的岗位开始做萃取，打开自己在这个领域的知名度。只要你在任何一个领域中深度积累五年、十年，你就可以看到长期复利的价值。

有一位学员在做完自己岗位的经验萃取后，形成了一套售前顾问流程的 SOP，得到了领导的高度赏识，认为她所做的经验萃取能帮助部门沉淀知识资产，特别有价值。后来她得到授权，负责组织萃取整个部门的经验，并取得成功，其个人职业成长也特别快，很快就成为部门的骨干。

3. 经验萃取 + 知识 IP 场景

学员中也有不少人已经在做知识 IP，比如 offer 陪跑、简历辅导、优势教练、演讲教练、晋升私教、家庭育儿等。

举个例子，做 offer 陪跑的学员，可以通过经验萃取挖掘求职者未来的发展方向，并帮助他们识别亮点，提炼出一套方法论，将其用于做求职面试会极大增强竞争力，这与市面上普通的 offer 陪跑相比，具有更大的价值。

做优势教练、天赋解读方向的学员，如果单纯做天赋才干的解读，未必能准确联系到他们具体的经验和成就事件，就会显得单薄，没有依据，而且不能更好地指导他们该如何用好自己的优势。而经验萃取可以通过先聆听他们的成就事件，通过对成就事件的挖掘再辅以讲解天赋优势，就会特别顺畅并有可信度。

除此之外，经验萃取不仅会印证天赋优势，而且会基于他们的优势提炼出一套自己的知识体系，这让学员的获得感特别强，对咨询师更加信任和认可。

其他的，比如演讲教练教演讲技巧是远远不够的，很多学员演讲能力不过关，主要原因是他们缺乏对自我经验的萃取能力，没有实质内容。所以，如果有人通过经验萃取帮助他们提炼自己的方法论，这样他们在演讲中献上干货再辅以演讲的技巧，就可以做出非常有含金量的精彩演讲了。

做家庭育儿方向的学员，也可以通过经验萃取，让父母学会如何萃取孩子身上的经验，增加孩子的自信，提高孩子的自尊心水平，这也可以让他们的产品价值更上一层楼。

所以，如果你已经在做知识 IP，你可以尽管大开脑洞，想想看，你的专业知识加上萃取有什么新做法。

本章思维导图

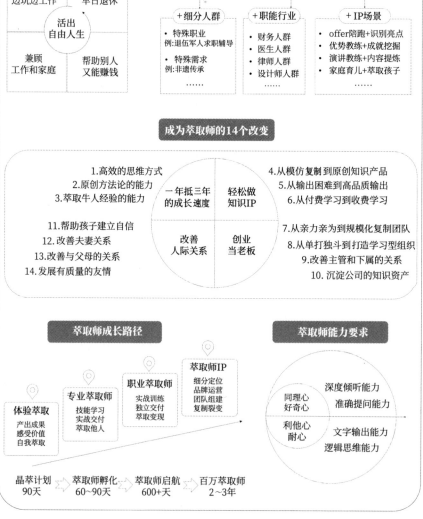

自由高薪职业

写下自己的理想工作状态

时间自由 边玩边工作	被动收入 早日退休
活出 自由人生	
兼顾 工作和家庭	帮助别人 又能赚钱

打造差异化产品

经验萃取

+细分人群
- 特殊职业
  例:退伍军人求职辅导
- 特殊需求
  例:非遗传承
  ……

+职能行业
- 财务人群
- 医生人群
- 律师人群
- 设计师人群
  ……

+IP场景
- offer陪跑+识别亮点
- 优势教练+成就挖掘
- 演讲教练+内容提炼
- 家庭育儿+萃取孩子
  ……

成为萃取师的14个改变

1.高效的思维方式
2.原创方法论的能力
3.萃取牛人经验的能力

一年抵三年的成长速度 | 轻松做知识IP

11.帮助孩子建立自信
12.改善夫妻关系
13.改善与父母的关系
14.发展有质量的友情

改善人际关系 | 创业当老板

4.从模仿复制到原创知识产品
5.从输出困难到高品质输出
6.从付费学习到收费学习

7.从亲力亲为到规模化复制团队
8.从单打独斗到打造学习型组织
9.改善主管和下属的关系
10.沉淀公司的知识资产

萃取师成长路径

萃取师IP
细分定位
品牌运营
团队组建
复制裂变

职业萃取师
实战训练
独立交付
萃取变现

专业萃取师
技能学习
实战交付
萃取他人

体验萃取
产出成果
感受价值
自我萃取

晶萃计划
90天 ⇒ 萃取师孵化
60~90天 ⇒ 萃取师启航
600+天 ⇒ 百万萃取师
2~3年

萃取师能力要求

同理心
好奇心

利他心
耐心

深度倾听能力
准确提问能力

文字输出能力
逻辑思维能力

▶ 本章小结与行动指南 ◀

1. 抛开现实中的工作不谈，你最理想的工作状态是怎样的？你可以列举 10 条。

2. 学会萃取，可以给你的工作 / 生活带来什么积极的变化？

🕐 行动指南

1. 寻找你身边活出了你的理想状态的朋友或者导师，了解他们的成长经历。

2. 自我评估，你是否适合成为一名萃取师。

福利：扫码获得《国际职业经验萃取师技能标准白皮书》和萃取师公开课。

白皮书　　　公开课

"万物皆可萃"